ENTRENA TU CEREBRO PARA SER FELIZ

Dr. Pablo Gómez

ENTRENA TU CEREBRO PARA SER FELIZ

**La neurociencia y la espiritualidad se entrelazan
para mostrarnos el camino de la felicidad**

Grijalbo

Título: *Entrena tu cerebro para ser feliz*
Primera edición: noviembre de 2024

© 2024, Pablo Gómez
© 2024, Penguin Random House Grupo Editorial, S. A. S.
Carrera 7 # 75-51, piso 7, Bogotá, Colombia
PBX: (57-601) 743-0700

Diseño de cubierta: Penguin Random House Grupo Editorial / Lorena Calderón Suárez
Cubierta: Hombre de pie: © khalidmahamood / Freepik
Silueta madre e hijo y hombre haciendo ejercicio: © Freepik
Mujer haciendo yoga: © Harryarts / Freepik
Hombre orando: © user26940925 / Freepik
Ilustraciones: Cerebro (p. 36): © macrovector / Freepik
Iceberg (p. 38), Ikigai, campo magnético del corazón e íconos de la rueda de la vida (p. 175): © Freepik
Mujer emociones vs sentimientos (p. 53): © QuantumEdge / Freepik
Silueta humano (p. 190): © brgfx / Freepik
Carruaje de Gurdieff (p. 64): © A-digit, Getty Images
Rueda de la vida (p. 186): © Freepik

Las opiniones expresadas en este libro son de exclusiva responsabilidad de su(s) autor(es) y no reflejan necesariamente los puntos de vista de Penguin Random House Grupo Editorial y/o de su personal.

Penguin Random House Grupo Editorial apoya la protección del *copyright*.
El *copyright* estimula la creatividad, defiende la diversidad en el ámbito de las ideas y el conocimiento, promueve la libre expresión y favorece una cultura viva. Gracias por comprar una edición autorizada de este libro y por respetar las leyes del *copyright* al no reproducir, escanear ni distribuir ninguna parte de esta obra por ningún medio sin permiso. Al hacerlo está respaldando a los autores y permitiendo que PRHGE continúe publicando libros para todos los lectores.

Impreso en Colombia – *Printed in Colombia*

ISBN: 978-628-7649-63-7

Compuesto en Ibarra Real Nova y Acumin Variable Concept

Impreso por Editorial Nomos, S.A.

"La verdadera felicidad es disfrutar del presente,
sin depender ansiosamente del futuro".
SÉNECA

"Todo hombre puede ser, si se lo propone,
escultor de su propio cerebro".
SANTIAGO RAMÓN y CAJAL,
neurocientífico español

"Las células que están dentro del mismo
campo de resonancia bailan al mismo son".
DEEPAK CHOPRA, *médico, escritor y motivador*

CONTENIDO

Agradecimientos 11

Presentación 13

¿Los psiquiatras no deben creer en Dios? 18

Introducción 23

1 El cerebro y su capacidad de modelarse 27

2 La felicidad 49

3 Neurociencia y espiritualidad 59

4 Procrastinación y fuerza de voluntad 75

5 Entrenar la atención 103

6 Pasado, presente y futuro 149

7 El dolor físico y el dolor emocional 201

8 Cultivar relaciones de calidad 231

Palabras finales 239

Bibliografía 241

AGRADECIMIENTOS

Quiero agradecer, primero que todo, a mis pacientes, maestros de vida en esta experiencia en la tierra y a todas las personas que a través de las redes sociales me han permitido conectar con ellas y que, por medio de sus palabras de gratitud y apoyo, me han motivado a seguir en esta línea de trabajo.

También a los que en un comienzo fueron fuertes críticos y detractores, pero igualmente grandes maestros que me ayudaron a poner los pies en la tierra y a domesticar mi ego, tarea en la cual continúo trabajando día tras día.

A todos mis profesores y colegas que siempre hicieron lo mejor por compartir sus enseñanzas y sus experiencias en este camino de la psiquiatría: la doctora Ligia, Daelé, Iris, Vicky, Augusto González, Alexis Benito, Carlos Giraldo, Jorge Franco y, en especial, al doctor Sergio Molina Osorio, quien me brindó su amistad incondicional desde el día en que lo conocí. Nunca tendré cómo retornarle todo el apoyo que me dio cuando apenas comenzaba mi carrera.

No puedo dejar de mencionar a mis maestros, los neurólogos Rodrigo Isaza, Édgar Cardona y Omar Buriticá.

A mi familia, mis padres y hermanas.

A mi esposa, María Isabel, quien me ha dado su tiempo, su amor, su paciencia y muchas otras cosas y quien ha trabajado en este manuscrito de manera tan ardua como yo.

A Sofi y Migue, mis hijos, a quienes amo con todo mi corazón.

Por supuesto, también a mis amigos, en especial a Camilo, que siempre ha estado presente en las buenas y en las no tan buenas, y que más que un amigo lo he considerado siempre mi hermano.

Por último, a la editora Gabriela Méndez, del grupo editorial Penguin Random House, quien me contactó, interesada en mi trabajo, y me propuso sacar este proyecto adelante.

PRESENTACIÓN

Soy Pablo Gómez, médico psiquiatra —aunque siempre pensé que sería cardiólogo— y desde muy joven me ha interesado el funcionamiento de la mente, por eso me entrené en programación neurolingüística e hipnosis clínica. Hoy, gracias a la tecnología, trabajo desde Medellín, Colombia, pero tengo el privilegio de atender pacientes, sin importar el lugar del planeta donde se encuentren.

No siempre ejercí mi profesión como lo hago ahora, en mi consultorio. En un principio, como la mayoría de mis colegas psiquiatras y de otros especialistas en diferentes ramas de la medicina, inicié mis labores en el sistema de seguridad social de mi país. El sistema de salud en Colombia tiene muchas falencias, pero pese a esto es considerado uno de los mejores, por lo menos en este lado del mundo. Sin embargo, el sistema no me permitía disfrutar mi trabajo y, con el paso de los años, luego de ver cientos de pacientes bajo este régimen, me fui llenando de frustración.

Me sentía una especie de autómata que, con la recolección rápida de un conjunto de síntomas, encasillaba al paciente en una de tantas patologías psiquiátricas y procedía a medicarlo. Lo hacía bien, pero me faltaba algo. No estaba satisfecho, mi trabajo no me hacía feliz. Me daba cuenta de que muchos pacientes no estaban realmente enfermos desde el punto de vista psiquiátrico, sino que la mayoría tenían problemas, como casi todos los tenemos: de salud (propia o de algún familiar cercano), económicos, de pareja, con un hijo mal estudiante o "en las drogas", de duelo por la pérdida de un trabajo, de una relación afectiva o de un ser querido. Todas estas situaciones generan síntomas depresivos o ansiosos. Y ¿cómo no? Si eres padre cabeza de familia, con tres hijos, dos en la universidad, y pierdes el trabajo a los 57 años, ¿cómo no vas a sentirte ansioso? Hasta los pacientes eran conscientes de que sus problemas no se iban a solucionar con una pastilla y siempre tenía que decirles que la medicación, por lo menos, los iba a hacer sentir más "tranquilos". Pero ¿quién se creía eso?, una cosa es decirlo y otra cosa es pagar dos universidades y sostener un hogar sin trabajo a los 57 años en un sistema en el que a los 35 ya eres viejo. ¿Qué decirle a la señora de 42 años que se quedó sola con dos hijos, de 9 y 13 años, luego de que asesinaran a su marido, sin una pensión, sin casa propia y sin trabajar porque su esposo solventaba los gastos de la casa? ¿Qué medicamento podría ser tan efectivo como para que esta paciente no sintiera migraña y dolor en el cuello, para que su colon volviera a funcionar bien y no se inflamara con los pocos alimentos que su inapetencia le permitía recibir y para que pudiera dormir, descansar y no pasara en vela toda la noche llorando y lamentándose por su suerte y la de sus hijos?, ¿cuál?

PRESENTACIÓN

Casos como estos eran el pan de cada día. Dolores musculares, colon irritable, insomnio, migraña, etc., que los médicos generales y algunos especialistas, según el caso, habían tratado, agotando hasta el último de los tratamientos farmacológicos y terapéuticos sin lograr un alivio significativo, pero en los que quedaba un último recurso: una remisión a psiquiatría.

La remisión a psiquiatría era lo pertinente después de descartar las causas orgánicas.

La Universidad de Harvard, pionera en investigación, a través del Instituto de la Mente y el Cuerpo Herbert Benson, ha demostrado en diversos estudios la relación entre el estrés y la salud física, destacando que una gran parte de las patologías recibidas en los servicios de atención primaria en salud están relacionadas con el estrés y el inadecuado manejo de las emociones.

Lo correcto era evaluar la psique, pero en la mayoría de los casos, una fluoxetina o dos no iban a ser suficientes, de eso estaba seguro. Estos pacientes necesitaban otra cosa, algo que no viene en pastillas, jarabes ni inyecciones: esperanza. "Sí, Pablo, eso es lo que nos falta a muchos pacientes psiquiátricos, una voz de aliento, alguien que nos devuelva la esperanza, una razón para seguir". Esas fueron las palabras de Claudia Restrepo, una de mis pacientes más célebres y queridas, una gran maestra en la tierra y también en el plano espiritual. Nunca olvidaré esas palabras que se anclaron en mi mente y se convirtieron en el punto de inflexión que me devolvió a mi antigua senda, a aquello con lo que resonaba mi alma.

¡Esperanza!, ¡claro!, eso era, en muchos casos, lo que en realidad necesitaba un paciente: ser escuchado, alguien que lo mirara a los ojos al hablar, sentirse comprendido, recibir una palabra de aliento; alguien que expresara empatía, compasión, bondad. Eso podía aliviar más que una fluoxetina, una sertralina o cualquiera de las "linas" de las que disponíamos para medicarlos.

Por eso, no me parece extraño que la palabra "psiquiatra", del griego *psiqué* (alma o mente), e *iatréia* (tratamiento médico), resulte en que un psiquiatra es un "médico del alma".

Hoy, la vida me da la oportunidad, a través de estas páginas, de reconocer y, al mismo tiempo, pedir disculpas a muchos pacientes que en algún momento pude haber atendido ceñido a mi título de psiquiatra, sumergido en la neurociencia, neuroquímicos y neurofármacos. Y lo hago no porque no fuera lo correcto, sino por haber descuidado por completo el lado humano, el alma, el espíritu. Porque me hubiera gustado poderlos abordar como lo hago hoy, con una visión diferente, pero que, recién salido de mi posgrado, era lo que sabía hacer, lo que había aprendido y lo que la ciencia dictaba y aún sigue dictando.

Los medicamentos son, en muchos casos y en diferentes patologías, fundamentales y necesarios. Es lo que pienso y he visto en la práctica clínica, pero con toda seguridad, y puedo dar fe de ello, funcionan mejor cuando quien los recibe se siente valorado, escuchado y comprendido por quien se los prescribe, por ese alguien que le devolvió la "esperanza".

Hoy en día, la espiritualidad es la más valiosa y efectiva de mis herramientas para ayudar a los pacientes que acuden a mi consulta, no importa su condición mental o credo. Con algunos, este abordaje puedo hacerlo desde la primera

PRESENTACIÓN

consulta, con otros, tal vez tenga que esperar uno o dos encuentros, y con unos más, muy pocos, que no están aún en ese mal entendido "despertar espiritual", lo hago desde mis meditaciones y visualizaciones.

Así es como trabajo en la actualidad, fusionando ciencia y espiritualidad. Gracias a Dios, he tenido la oportunidad, a lo largo de mi recorrido como psiquiatra, de encontrar terapias que me conectan con algo que sentía desde muy joven, pero que no podía expresar por completo, esa conexión "energético-mental-espiritual" con algo superior, con un poder al que todos tenemos acceso, pero que tal vez esté velado o sesgado por algún tipo de doctrina que recibimos como verdad absoluta, impuesta y que no nos permite contemplar posibilidades diferentes.

Por favor, no quiero que se malinterprete esto último, respeto las creencias religiosas de cada persona y no estoy promoviendo ningún tipo de culto o secta rara. Tampoco me siento poseedor de una verdad absoluta con la que todos ustedes, mis lectores o pacientes tengan que comulgar. Simplemente a lo largo del tiempo pude entender el que, para mí, es el verdadero significado de la espiritualidad. Y repito, para mí.

Hoy en día, por una no tan extraña razón, la mayoría de los pacientes que buscan mis servicios y permiten que los atienda, de alguna manera ya están "sincronizados" con mis creencias, y al abordarlos me refieren que, como yo, sienten esa conexión con el mundo espiritual y eso le da sentido a sus vidas, a sus relaciones, a sus padecimientos, pero también a sus momentos de alegría y satisfacción.

¿LOS PSIQUIATRAS NO DEBEN CREER EN DIOS?

Hace unos años, un amigo que vino a cenar a mi casa se quedó sorprendido cuando encontró en la entrada un cuadro de Nuestra Señora, la Virgen de Guadalupe, que había traído de México. "¿Por qué tenés el cuadro de una virgen en tu casa y justo en la entrada?", me preguntó. Al inicio no entendí su pregunta, pensé que era una especie de charla o broma para comenzar la velada, pero al ver su cara de asombro, entendí que su cuestionamiento era serio. "Lo traje de mi primer viaje a México", le dije. "De hecho, la razón principal por la que viajé fue para pagarle una 'promesa' a la Virgen", aclaré. "¿Me estás hablando en serio?", volvió a preguntar sin salir del asombro. "Sí, en serio", repuse algo desconcertado. La verdad, no entendía cuál era la razón de su asombro. En mi hogar, crecí con cuadros de la Santísima Trinidad y del Sagrado Corazón de Jesús en la sala, como creo lo hicimos casi todos los colombianos de mi generación.

Me quedé observándolo, esperando su respuesta a mi argumento. Ahora era él quien parecía desconcertado, pero unos segundos más tarde sonrió y dijo: "¡Vos sos muy raro! ¿Desde cuándo los psiquiatras creen en Dios, la virgen o en cosas de esas?". Estaba tan sorprendido por su cuestionamiento que solo atiné a responderle: "No sé, yo siempre he creído en Dios y no sabía que los psiquiatras no lo hacían", dije esbozando una sonrisa algo insegura, tratando de no ser descortés, aunque me sentí incómodo. El resto de la noche transcurrió en completa normalidad y la verdad no pensé mucho en eso.

PRESENTACIÓN

Pero esa pregunta volvió, justo en la cama, cuando me disponía a dormir. Comencé a pensar en todos mis colegas psiquiatras, los cercanos y los no tan cercanos, en mis profesores de psiquiatría, los profes vieja guardia y los más jóvenes. "¿Será que ninguno cree en Dios?", "¿Ser ateo es una condición para poder ser psiquiatra?", "¿Qué tan malo puede ser tener una creencia religiosa para ejercer esta profesión?". Incluso muchos pacientes con frecuencia me dicen: "Gracias a Dios primero, doctor, y después a usted, es que ya estoy mejor".

Yo sí creo en una energía superior, en el universo, en la fuente, en la matriz divina o en el campo cuántico unificado de consciencia, cada uno lo llamará como quiera; yo lo llamo Dios. No me considero una persona muy religiosa, no soy muy practicante, pero la conexión con esa energía creadora de la cual sé que provengo me permite vivir mi espiritualidad y tener la certeza de que Dios existe.

Cuando era apenas un adolescente, ya me interesaban los temas relacionados con el "poder de la mente". Corrían los años ochenta y en esa década conocí y viví con todo el furor lo que en ese momento se denominó "la nueva era". Creo que actualmente no se habla tanto de nueva era, pero el fenómeno continúa, o por lo menos muchas de sus secuelas. O, ¿qué piensan ustedes del famoso "despertar de la consciencia" del que tanto se habla, pero que pocos entienden?

Hoy existen plataformas virtuales relacionadas con estos temas que se pueden usar en cualquier dispositivo electrónico y a las cuales se accede pagando una suscripción mensual, anual y en algunos sitios hasta se tiene la opción, por medio de un pago único, de hacerse miembro vitalicio; de hecho estoy suscrito a dos de ellas. Además, he desarrollado un curso que se encuentra disponible en una de estas plataformas.

Conoce mi curso escaneando este QR:

En esa época, tuve mi primer contacto con "el mundo espiritual", claro, no como lo entiendo hoy, pero sí con algún grado de relacionamiento. A los 16 años, hice un curso de programación mental, el reconocido "Método Silva de programación mental". Allí conocí el concepto de la mente consciente, la mente subconsciente y de los estados alterados de consciencia, tan importantes hoy en día en mi práctica como psiquiatra y de los cuales les hablaré más adelante.

La nueva era me atrapó, así como la conexión con algo sobrehumano, sobrenatural, la energía, el poder de la mente, ángeles, etc. Y todo esto, lejos de obstaculizar mi quehacer como psiquiatra, me ha permitido enamorarme cada día más de mi profesión y ejercerla de una forma un poco diferente, no mejor, solo diferente.

Este no es un libro de psiquiatría ni de neurociencias, pero en él hablo de ambas. Tampoco es un libro de espiritualidad, pero abarco muchos conceptos relacionados con ella. Y no pretende ser un libro de autoayuda, aunque (no está bien que yo lo diga) estoy seguro de que su lectura puede orientar y ayudar a varias personas. ¿En qué?, bueno, eso solo lo sabrá cada uno cuando termine de leerlo.

PRESENTACIÓN

Como psiquiatra, hay muchos temas que me gustan, que estudio, que introyecto y comparto a mi manera con quienes tengan los mismos intereses, a través de mis redes sociales, en las cuales cuento con un buen número de suscriptores a los que les agradezco su acompañamiento y muestras de gratitud.

Aunque creo que lo disfrutaría muchísimo, no estoy horas enteras dentro de un laboratorio de neurociencias midiéndole el cerebro a nadie. Tampoco me desperté un día cualquiera siendo un "iluminado" y mucho menos he pasado años enteros meditando en el Tíbet. Ni siquiera he ido por allá.

Recuerden que solo soy un psiquiatra. Pero, cuidado, que no se malentiendan estas palabras, pues ser psiquiatra no es poca cosa. De hecho, es una especialidad de la medicina: para ser psiquiatra hay que estudiar seis años y después tres a cuatro años más de posgrado, dependiendo de la facultad donde se estudie, como cualquier cardiólogo o pediatra. Dicho esto, también aprovecho para aclararles a los que confunden la psiquiatría con la psicología, que son dos profesiones relacionadas, complementarias, no excluyentes, pero diferentes.

Me gustan las neurociencias, las psicoterapias y también la espiritualidad. He logrado fusionar el concepto que tengo de la espiritualidad con la neurociencia y aplicar ambas cosas en mí y en mi práctica privada con mis pacientes.

Pero se preguntarán, ¿cómo puede decir que dos áreas tan distintas, la espiritualidad "del reino de los cielos" y la neurociencia "del reino de los mortales", se pueden fusionar?

A lo largo de estas páginas les mostraré que es posible hacerlo, que existe una relación directa y palpable entre ambas. Prometo llevarlos, por medio de un lenguaje sencillo, a través de anécdotas e historias vividas con mis pacientes (a quienes por razones obvias les cambiaré sus nombres y datos biográficos), por un mundo de ciencia y espiritualidad maravilloso.

A medida que avancemos en este recorrido, los iré dotando de las herramientas que considero que han sido las más importantes para ayudar a mis pacientes a entrenar su mente y poder cumplir con lo que el dalái lama considera el propósito fundamental de la vida: "Buscar y alcanzar la felicidad".

Los invito a recorrer juntos este camino.

INTRODUCCIÓN

Desde hace muchos años, recibo preguntas en las consultas acerca de la felicidad: ¿Qué es la felicidad? ¿Cómo puedo ser feliz? ¿Cómo sé que ya soy feliz?, entre otras. Por mucho tiempo, no pude responder a ciencia cierta estas preguntas. Era consciente de las actitudes y de la forma de pensar de personas muy alegres, las cuales contrastaban con la amargura y el resentimiento de otras, independientemente de las situaciones ambientales, sociales o económicas que cada uno tuviera. Con el tiempo y la experiencia, pude ver que la felicidad no era una meta, un destino al que hay que llegar, sino una manera de pensar y actuar ante cada momento de la vida: estar en paz con el pasado, aceptar el presente incluso cuando las circunstancias no sean las mejores y ver el futuro con optimismo y fe.

No soy ningún gurú, ni mucho menos un "iluminado", sólo entendí que la felicidad es algo que se puede "entrenar" al igual que cualquier habilidad, aunque se requiere, como con otras cosas de la vida, una gran actitud, como dice Angela Duckworth en su libro *Grit: El poder de la pasión y la perseverancia*.

La actitud es algo que proviene del interior, es ese deseo interno que nos mueve, y está condicionada por la manera de ver la vida, es decir, por el sistema de creencias, aunque también es cierto que hay un porcentaje que heredamos de los genes de nuestros ancestros. Por estas razones, con frecuencia, muchos pacientes me dicen frases como esta: "Mi problema, doctor, es que no tengo disciplina ni fuerza de voluntad". Lo que repetimos tanto mental como verbalmente tiene un gran impacto en la conducta y mucho más si estos procesos mentales están cargados de emociones, que de hecho lo están, tanto buenas como no tan buenas. Aquí radica la importancia de entrenar la mente, que no es otra cosa que entrenar la atención para estar conscientes del flujo incesante de pensamientos que corre de forma automática por ella, poder escoger los que deseo tener, desechar los que no y, de esta manera, gestionar mis emociones, mis sentimientos y, finalmente, mis conductas.

Hoy, la neurociencia demuestra el impacto positivo que tienen para la salud física y mental los ejercicios básicos relacionados con la meditación, la respiración, el perdón y la gratitud, entre otros, además de la actividad física, el yoga, el *taichí* o el *chi kung*. Digo básicos porque cualquiera de nosotros puede aprender estas técnicas para llevarlas a cabo y disfrutar de sus beneficios, pero de nuevo aparece esa palabra temida para algunos: disciplina. Sí, se requiere disciplina y esta solo aparece cuando lo que deseo en realidad es importante para mí. En otras palabras, cuando hay un deseo profundo del corazón. Entender los beneficios de estas prácticas puede ser la clave que despierte el interés y la curiosidad

INTRODUCCIÓN

que nos permita aventurarnos, explorar y, lo más importante, no desistir aun cuando los primeros intentos no sean del todo exitosos.

Para ser felices debemos entrenar la mente y aprender a vivir en el momento presente. Encontrarse en el presente es estar alerta y consciente de aquello con lo que alimentamos la mente, es la "dieta mental" de la que les hablaré más adelante. La mente no consciente no discrimina los pensamientos entre correctos o incorrectos, por eso es tan importante saber pensar.

Vivir en el presente no implica olvidar mi pasado ni tampoco descuidar mi futuro, es no vivir en el dolor de recuerdos tristes o traumáticos y no anticiparnos a tragedias futuras que solo existen en la mente y que tal vez nunca ocurran. Es vital entender que mis pensamientos están ligados a mis emociones, las cuales son de suma importancia, ya que, como veremos más adelante, tienen un impacto en la salud física y mental.

¿Te has preguntado alguna vez por qué te cuesta hacer pequeños cambios en la vida para vivir mejor y abandonar la mal llamada zona de confort? La respuesta rápida podría ser: "Es que no tengo fuerza de voluntad", pero no necesariamente es la correcta. Es la mente, nuestra manera de pensar, la responsable.

El cerebro, esa maravillosa máquina que nos permite materializar las cosas, tiene como intención protegernos, evitar el dolor y el desgaste energético. Por esta razón es frecuente que cuando nos proponemos hacer algo nuevo o nos esforzarnos en alcanzar una meta, aparezcan en la cabeza una avalancha de pensamientos negativos, como "no se puede", "es difícil", "qué van a decir"... que generan miedo y nos paralizan de tal forma que seguimos estancados en el mismo lugar y, peor aún, quejándonos.

La realidad actual de cada área de la vida (económica, laboral, afectiva) es un reflejo del mundo interior. Para cambiar el mundo exterior, primero debo hacer cambios en el mundo interior, de lo contrario será muy difícil mejorar, aunque, siendo justos, no imposible. Solo quiero que sepan que existe una forma más sencilla de hacer las cosas y esa no es otra que entrenar la mente.

Este libro es una recopilación de reflexiones y acciones acerca de la vida, el pensamiento, la materia y la manera cómo podemos acercarnos o lograr la felicidad. Espero que encuentres ideas refrescantes que te ayuden a pensar bien para vivir mejor y ser feliz.

EL CEREBRO Y SU CAPACIDAD DE MODELARSE

El cerebro es un órgano increíble, capaz de crecer y cambiar a lo largo de la vida gracias a la neuroplasticidad. Hasta hace relativamente poco, se creía que toda la estructura del cerebro era estática después de la infancia, pero hoy sabemos por diferentes investigaciones neurocientíficas que el cerebro puede continuar formando nuevas conexiones neuronales e incluso generar nuevas neuronas, ese proceso se llama neurogénesis. Ambas capacidades, la neurogénesis y la neuroplasticidad, son esenciales para el aprendizaje, la memoria y la recuperación de lesiones.

Con base en lo anterior, podemos afirmar que reprogramar el cerebro es posible y que este proceso nos permite cambiar la forma de pensar, sentir y actuar. Cuando dirigimos de manera consciente los pensamientos y acciones, podemos generar nuevas y específicas vías neuronales, reforzando patrones diferentes de pensamientos y comportamientos que deseamos implementar.

LA NEUROPLASTICIDAD: RECONFIGURANDO EL CEREBRO PARA LA FELICIDAD

Durante muchos años, se creyó que el cerebro adulto era inmutable. Esta idea, conocida como la "doctrina del cerebro estático", dominó la neurociencia durante gran parte del siglo XIX y principios del siglo XX. Científicos como Camillo Golgi y Sigmund Freud contribuyeron a popularizar esta creencia. Golgi, con su revolucionario método de tinción, observó las neuronas bajo el microscopio y creyó que las conexiones entre ellas eran permanentes. Freud, conocido por su trabajo en psicoanálisis, también pensaba que el cerebro adulto tenía una capacidad limitada para cambiar y adaptarse.

Sin embargo, pioneros como el doctor Santiago Ramón y Cajal, comenzaron a desafiar esta doctrina. El doctor Ramón y Cajal, a menudo considerado el padre de la neurociencia moderna, propuso que las neuronas podían formar nuevas conexiones y que el cerebro tenía una capacidad increíble para reorganizarse a lo largo de la vida. Esta frase célebre de su autoría resume este planteamiento: "Todo hombre puede ser, si se lo propone, escultor de su propio cerebro".

Uno de los estudios más famosos que desafió esta doctrina fue realizado por Michael Merzenich en la década de

EL CEREBRO Y SU CAPACIDAD DE MODELARSE

1980. Merzenich y su equipo demostraron que las áreas del cerebro responsables de procesar la información sensorial podrían reorganizarse en respuesta a la experiencia. En estudios con monos, encontraron que las áreas del cerebro dedicadas a los dedos podían cambiar de tamaño dependiendo del uso de esos apéndices. En humanos, estudios como el de Eleanor Maguire (2000) con taxistas londinenses, también proporcionaron evidencia de que la experiencia y el aprendizaje pueden cambiar la estructura del cerebro humano. Maguire descubrió que los taxistas que debían aprender y recordar una compleja red de calles tenían un hipocampo posterior más grande en comparación con un grupo control de no taxistas.

La neuroplasticidad se refiere a la capacidad del cerebro para reorganizarse formando nuevas conexiones neuronales. Este proceso permite que las neuronas (células del sistema nervioso) en el cerebro compensen lesiones y enfermedades y ajusten sus actividades en respuesta a nuevas situaciones o cambios en el entorno. Cuando aprendemos algo nuevo, practicamos una habilidad o incluso pensamos de nuevas maneras, estamos remodelando nuestro cerebro. Esta plasticidad es la base para la capacidad del cerebro de adaptarse y cambiar.

Imaginemos que el cerebro es como una red de carreteras. Las carreteras más transitadas y bien mantenidas representan nuestros hábitos y rutinas. Aprender algo nuevo es como construir una nueva carretera: requiere tiempo, esfuerzo y recursos. Al principio, esta nueva carretera puede ser estrecha y difícil de transitar, pero con la práctica y el uso repetido, se ensancha y se vuelve más fácil de recorrer. Del mismo modo, cuando dejamos de usar una carretera, con el tiempo se deteriora y puede incluso desaparecer. Así es como funciona la neuroplasticidad en el cerebro.

NEUROGÉNESIS: EL CRECIMIENTO DE NUEVAS NEURONAS

La neurogénesis es el proceso mediante el cual se forman nuevas neuronas en el cerebro. Esto ocurre principalmente en el hipocampo, una región involucrada en el aprendizaje y la memoria. Durante mucho tiempo, se pensó que los humanos nacían con una cantidad fija de neuronas y que no podían generarse más después del nacimiento. Sin embargo, en la década de 1990, estudios pioneros demostraron que los humanos pueden producir nuevas neuronas a lo largo de la vida.

La investigación en neurogénesis ha revelado que varios factores pueden influir tanto a favor como en contra de este proceso. La práctica del ejercicio físico y la estimulación mental lo favorecen, mientras que el estrés lo perjudica. Por ejemplo, estudios en animales han demostrado que el ejercicio regular puede aumentar la producción de nuevas neuronas en el hipocampo, mientras que el estrés crónico puede tener el efecto opuesto, reduciendo la neurogénesis y afectando de un modo negativo la función cognitiva. Prácticas de estimulación mental, como aprender nuevas habilidades, un idioma o resolver rompecabezas, también pueden promover la neurogénesis.

¿POR QUÉ AL CEREBRO LE CUESTA ADAPTARSE A LO NUEVO?

El cerebro humano está diseñado para ser eficiente y ahorrar energía siempre que sea posible. Este mecanismo de ahorro de energía se manifiesta en la tendencia del cerebro a formar hábitos y rutinas, ya que aprender algo nuevo requiere más energía y esfuerzo cognitivo que repetir una tarea que ya conoce. El cerebro prefiere rutinas y hábitos porque son menos costosos desde el punto de vista energético. Es como si fuera un gerente, un administrador de recursos que siempre busca la manera de gastar lo menos posible, manteniendo la productividad y siendo eficiente.

Por otro lado, el cerebro está programado para buscar gratificación inmediata. Cambiar un hábito o aprender algo nuevo puede no proporcionar esta recompensa, lo que genera resistencia al cambio. Por ejemplo, cuando intentamos dejar de fumar, el cerebro anhela la recompensa inmediata de la nicotina, lo que hace difícil romper el hábito. Del mismo modo, esta inclinación por lo inmediato explica por qué es común que nos cueste tanto trabajo a la mayoría aprender un nuevo idioma. Este proceso requiere un esfuerzo sostenido, y los resultados, como la fluidez o la comprensión de conversaciones complejas, tardan en aparecer. La falta de recompensas inmediatas puede desmotivarnos, haciendo que el cerebro prefiera actividades que ofrezcan satisfacción instantánea, como ver una película o pasar tiempo en las redes sociales.

LA MAL LLAMADA ZONA DE CONFORT

La zona de confort es un estado mental en el que las actividades y comportamientos se mantienen dentro de un rango de lo conocido, lo que minimiza el estrés y el riesgo. En realidad, su nombre hace referencia al confort o comodidad que le proporciona al cerebro el no tener que esforzarse aprendiendo o haciendo algo no cotidiano o familiar. En ningún momento significa que estemos cómodos, de hecho, aunque operar dentro de esta zona puede proporcionar estabilidad y seguridad, también limita el crecimiento personal y la adaptabilidad. Salir de la zona de confort puede ser comparado con aventurarse en un territorio desconocido. Esta acción genera ansiedad y resistencia, nos lleva a retroceder y volver a lo que ya es seguro, cómodo y conocido.

Además de estos factores, la resistencia al cambio también puede ser influenciada por el miedo. El cerebro humano tiende a evitar situaciones que percibe como riesgosas o inciertas como parte del instinto de autopreservación que aunque es muy útil en ciertas circunstancias, también puede dificultar la adopción de nuevos hábitos o la adaptación a cambios significativos.

Por último, la neurociencia también ha demostrado que el cerebro tiene una capacidad limitada para manejar múltiples cambios simultáneamente, que no puede con todo al mismo tiempo, y que esto se debe a la forma en que se procesan y almacenan las nuevas informaciones. Cuando se enfrenta a demasiados cambios a la vez, el cerebro puede sentirse abrumado, bloqueado o paralizado, lo cual lleva a una mayor resistencia y a una alta probabilidad de volver a conectar con los viejos hábitos (zona de confort).

Autoestima y zona de confort:

CÓMO SUPERAR LA RESISTENCIA AL CAMBIO

Para fomentar la plasticidad cerebral y superar la resistencia al cambio, es fundamental adoptar estrategias que estimulen el cerebro. A lo largo de este texto, profundizaré en la mayoría de ellas, pero por el momento les adelanto algunas de las más importantes y validadas al día de hoy:

1. Ejercicio regular: la actividad física es una de las formas más efectivas para estimular la neurogénesis. Actividades como correr, nadar, bailar e incluso caminar pueden promover el crecimiento de nuevas neuronas. El ejercicio aumenta el flujo sanguíneo al cerebro, proporcionando oxígeno y nutrientes esenciales para la salud neuronal. Bailar es una excelente opción, pues no solo realizamos actividad física, sino que también enfrentamos desafíos cognitivos al aprender nuevos pasos y memorizar coreografías. Esto potencia aún más la plasticidad cerebral, incluso por encima del ejercicio de repetición, ya que favorece el aumento en el volumen de áreas clave, como la corteza cingulada y el hipocampo, y también promueve la neurogénesis.

2. Estimulación mental: participar en actividades que desafíen al cerebro, como armar un rompecabezas, aprender un nuevo idioma o tocar instrumentos musicales, puede mejorar la neuroplasticidad. Estas actividades obligan al cerebro a formar nuevas conexiones y a fortalecer las existentes (construir carreteras y ampliar y repavimentar las viejas). Por ejemplo, aprender a tocar un instrumento musical no solo mejora la coordinación motora, sino que también fortalece la memoria y la capacidad de concentración.

3. Dieta saludable: consumir una dieta rica en verduras, frutas, proteínas magras y grasas saludables apoya la salud cerebral. Los ácidos grasos Omega-3, por ejemplo, son beneficiosos para la neurogénesis y los encontramos en alimentos como el salmón, las nueces y las semillas de linaza. Además, los antioxidantes presentes en frutas y verduras pueden proteger las células cerebrales del daño causado por el estrés crónico.

4. Manejo del estrés: prácticas como la atención plena, la meditación y el yoga pueden ayudar a mantener el estrés bajo control y apoyar la salud cerebral. La meditación, en particular, ha demostrado aumentar el grosor de la corteza prefrontal y mejorar la conectividad neuronal. Reducir el estrés crónico es crucial, ya que el cortisol, la hormona del estrés, puede inhibir la neurogénesis y afectar negativamente la memoria.

5. Sueño adecuado: el sueño es crucial para que el cerebro se repare a sí mismo y consolide recuerdos. Durante el sueño, el cerebro elimina toxinas acumuladas y fortalece las conexiones neuronales formadas durante el día. Dormir bien es comparable a permitir que el cerebro realice una limpieza profunda para asegurarnos de que funcione de manera óptima al día siguiente.

6. Establecer metas pequeñas y alcanzables: al enfrentar cambios o intentar desarrollar nuevos hábitos es útil establecer metas pequeñas y alcanzables. Esto permite que el cerebro se acostumbre de forma gradual a los nuevos patrones, reduciendo la sensación de estar abrumado. Por ejemplo, si quieres empezar a correr, comienza con caminatas cortas y aumenta poco a poco la intensidad, la frecuencia y el tiempo.

Entender la capacidad del cerebro para cambiar y adaptarse es el primer paso hacia la construcción de una vida más feliz y plena. La neuroplasticidad y la neurogénesis nos demuestran que no estamos condenados a permanecer atrapados en viejos patrones de pensamiento y comportamiento. Podemos aprender, crecer y transformar la mente a lo largo de la vida. Este conocimiento nos empodera a tomar acciones conscientes y deliberadas para mejorar la salud mental y el bienestar. Al adoptar hábitos saludables y desafiarnos a salir de la zona de confort, podemos crear nuevas rutas en el cerebro que nos lleven hacia una mayor felicidad y realización personal. Este capítulo es una invitación a embarcarte en un viaje de autodescubrimiento y transformación, utilizando la increíble capacidad de tu cerebro para moldearse como tu aliado más poderoso.

LAS TRES MENTES

Para entenderlo mejor, empezaré por explicar qué son las tres mentes o, para no enredarnos mucho, las dos mentes, ya que el doctor Sigmund Freud al postular su teoría psicoanalítica, suprimió el concepto de subconsciente por considerarlo impreciso y lo reemplazó por el de inconsciente.

Con la mente consciente no hay tanto lío, ya que es la parte que contiene las memorias y recuerdos que podemos evocar con facilidad. Es la parte de la mente que trabaja con la razón y la lógica, analiza, juzga y decide cuál información acepta y cuál no y por eso se ha ubicado anatómicamente en el neocórtex, que es el cerebro más reciente que tenemos los seres humanos, según la teoría del cerebro triuno del doctor Paul MacLean. De acuerdo con esta, el cerebro

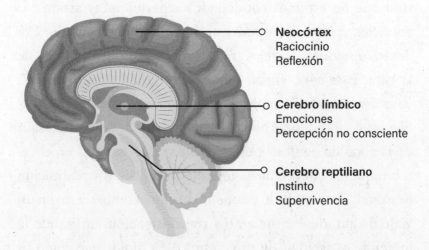

humano está dividido en tres subcerebros con estructuras anatómicas muy bien diferenciadas, siendo el primero el cerebro primitivo o reptiliano, encargado de aspectos básicos de supervivencia; el segundo es el cerebro mamífero o sistema límbico, encargado sobre todo de lidiar con las emociones, y el tercero el neocórtex.

El problema está con las dos mentes, subconsciente e inconsciente, pues estas dos palabras son utilizadas por casi todas las personas como sinónimos. De hecho, muchos psicólogos y psiquiatras no hacen diferencia alguna entre ellas, incluyéndome.

La verdad es que se pueden definir ambos conceptos por separado, aunque diferenciar los límites que separan el uno del otro resulta confuso y algo engorroso, ya que la línea que los divide es muy delgada, incluso, podría decirse que invisible.

Se dice que la palabra subconsciente fue introducida en el mundo del psicoanálisis por el doctor Pierre Janet, psiquiatra francés contemporáneo de Freud. Con ella, Janet quería referirse a la parte más superficial de la mente no consciente, haciendo notar que existían diferentes niveles dentro de esta.

En ese sentido, según Janet, la mente subconsciente albergaba memorias no conscientes, pero que al estar en un nivel superficial, eran evocables, más fáciles de recordar y, por tanto, podrían convertirse en conscientes sin mucha dificultad, a diferencia del contenido no consciente, confinado a las profundidades de una mente inaccesible: el inconsciente.

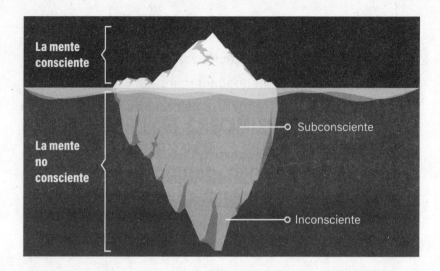

Con base en esta explicación, la forma más sencilla de comprender la diferencia entre ambos —el subconsciente y el inconsciente— está dada por la relativa facilidad o dificultad para acceder a sus contenidos.

Alrededor del año 1900, la palabra subconsciente se fue desvaneciendo poco a poco de la literatura y en la actualidad solo nos centramos en los conceptos de consciente e inconsciente, aunque como dije, el término subconsciente se sigue utilizando en general como sinónimo de inconsciente.

Mente consciente versus mente inconsciente:

Independientemente de quién tuviera la razón con respecto a la existencia o no del subconsciente, en mi trabajo como terapeuta, que un contenido mental esté en una u otra mente, más profunda o más superficial, es irrelevante y nunca me fijo en dónde está almacenada la memoria o el recuerdo traumático. De lo que en realidad me ocupo es de poder acceder a aquello y reprocesarlo, lo que implica volverlo consciente y, de esta manera, permitir que la persona libere toda la carga emocional contenida allí. Para hacer esto, utilizo una técnica terapéutica conocida en todo el mundo como EMDR (Eye Movement Desensitization and Reprocessing), que significa reprocesamiento y desensibilización a través del movimiento ocular.

TERAPIA EMDR

Escuché hablar de esta terapia en mi primer año de residencia en psiquiatría, en 2001. Uno de mis compañeros de posgrado habló de esta terapia como una alternativa para el manejo del estrés postraumático. Enseguida, uno de los docentes sentenció con un tono algo enérgico: "La terapia EMDR no ha demostrado ser suficientemente efectiva para nada", y dichas estas palabras, la EMDR, por mi parte, quedó "descabezada" de inmediato. Pero el sincrodestino, como pregona el doctor Deepak Chopra, o la sincronicidad, si se quiere, del doctor Carl Gustav Jung, me tenían agendado un encuentro con esta terapia y para eso, me situarían en el momento y lugar perfectos.

Fue en Buenos Aires, Argentina, en 2011, en el congreso mundial de psiquiatría. Estaba presente en un simposio de trauma emocional y de nuevo la EMDR se hizo presente con estudios que la validaban científicamente como una terapia efectiva para este tipo de patologías, en especial para el síndrome de estrés agudo y el trastorno de estrés postraumático (TEPT).

La terapia fue descubierta por casualidad, como muchas otras cosas en la historia de la medicina, por la psicóloga norteamericana Francine Shapiro, quien se dio cuenta, mientras evaluaba a sus pacientes, de que los movimientos oculares voluntarios reducían el dolor emocional, la angustia y el sufrimiento de los acontecimientos traumáticos narrados por ellos. Sus primeras investigaciones comenzaron en 1989 con pacientes diagnosticados con trastorno de estrés postraumático que habían sido víctimas de abuso sexual o que habían participado en la guerra de Vietnam. Los resultados demostraron que su protocolo terapéutico era efectivo para tratar de manera adecuada este tipo de trauma.

Hoy en día este procedimiento es muy conocido y cuenta con miles de terapeutas calificados en todo el mundo. Además, goza del reconocimiento de la Organización Mundial de la Salud, que la declaró, junto con la TCC (terapia cognitivo conductual), como las únicas psicoterapias recomendadas para el abordaje de pacientes con diagnóstico de trastorno de estrés postraumático. También la Asociación Americana de Psiquiatría (APA) reconoce la efectividad de la terapia EMDR para el abordaje de pacientes con trastorno por estrés agudo y trastorno de estrés postraumático.

En la actualidad, podemos decir que la terapia EMDR está recomendada para el manejo de síntomas generados por un amplio espectro de traumas emocionales. En mi consulta, por ejemplo, la utilizo para el manejo de fobias, duelos, ataques de pánico, *bullying,* rupturas afectivas, mejoramiento del rendimiento deportivo y para adquirir o mejorar habilidades sociales, entre otras.

Puedo contarles que es una forma de terapia muy rápida, efectiva y que con ella no solo se logra una disminución de la carga emocional negativa del evento, sino que también aparece una reinterpretación tan profunda del mismo que las imágenes dolorosas pierden toda su fuerza y, en algunos casos, se hacen casi imposibles de evocar.

En algún congreso de la APA, pude asistir a un taller de capacitación en hipnosis clínica. Luego de finalizado, tuve la oportunidad de cruzar algunas palabras con el facilitador del mismo, un psiquiatra, profesor de la Universidad de Standford (una de las instituciones que más ha estudiado esta técnica desde el ámbito científico) y además una autoridad en este campo. Le comenté que yo practicaba la hipnosis y que bajo este estado alterado de conciencia utilizaba el proceso de EMDR para aliviar los síntomas del paciente mucho más rápido de lo que podría lograr con otras terapias más convencionales. Recuerdo que estábamos almorzando con otros colegas, cuando de repente exclamó: "La EMDR es solo una forma de llevar al paciente a un estado hipnótico". Su comentario me tomó por sorpresa y me desconcertó.

Me dijo que él conocía personalmente a la doctora Francine Shapiro, creadora de la terapia EMDR y también me contó de la discusión que sostuvo con ella en la cual él le decía que la terapia EMDR que ella había descubierto, no era otra cosa que una variante más de los cientos de inducciones hipnóticas que existen para llevar a los pacientes a un estado de trance.

No soy quién para refutar esa apreciación, pero discrepo de ella en algunos elementos. Lo importante aquí es que la hipnosis y la EMDR no son las únicas terapias rápidas y efectivas para resolver conflictos ubicados en la mente inconsciente. El doctor Bruce Lipton, biólogo estadounidense y autor del libro *La biología de las creencias*, es un defensor de lo que se denominan "terapias rápidas energéticas", dentro de las cuales cita la hipnosis y la EMDR, pero también las técnicas del *tapping* o EFT[1] (técnicas de liberación emocional) y el *Psych-K*[2], entre otras. Hago hincapié en estas dos técnicas, primero, porque son las que uso en mi consulta y, segundo, como veremos, pueden facilitarnos el camino para muchos de los objetivos y en especial para ser felices.

Cuando buscamos la definición de hipnosis, encontramos que es un estado de máxima concentración y atención, pero que, como tal, siempre es un ejercicio de "autohipnosis", o sea, que soy yo mismo quien me hipnotizo y que quien está ejerciendo como hipnotizador, solo está guiando el proceso de relajación e inducción.

En cuanto a la EMDR, existe un ejercicio llamado "el abrazo de la mariposa" que consiste en cruzar los brazos sobre el pecho y darse unas suaves palmaditas en una zona cercana

---

1   El *tapping* o EFT es una técnica que combina acupuntura, sin utilizar agujas, con principios de la psicología cognitivo-conductual. El practicante se enfoca en traumas o emociones negativas mientras aplica suaves golpes sobre puntos de acupuntura con el objetivo de liberar bloqueos emocionales y reducir el estrés y la ansiedad.

2   *Psych-K* es un método diseñado para reprogramar creencias subconscientes limitantes. A través de movimientos oculares, afirmaciones y posturas corporales, se transforman estas creencias en creencias positivas y potenciadoras, promoviendo cambios a nivel emocional, mental y conductual.

EL CEREBRO Y SU CAPACIDAD DE MODELARSE

a los hombros, justo debajo de las clavículas. Los golpecitos deben hacerse de forma lenta y alternando derecha e izquierda mientras mentalmente se recuerdan las escenas que causan malestar. Como ven, es muy simple y autoaplicable.

Pero repito, siempre se debe contar con un experto en salud mental para la realización de estas prácticas. En general, son muy rápidas y a su vez efectivas para generar esa catarsis emocional tan necesaria en la búsqueda de la felicidad.

La terapia EMDR nos permite conectar de una manera relativamente rápida y segura con el perdón. Recuerden que la "D" significa desensibilización y la "R" reprocesamiento. Como veremos más adelante, perdonar es poder recordar sin dolor, entonces al "volver a procesar" la información y suprimir la "sensibilidad" causada por el dolor emocional, estoy accediendo al perdón.

Siempre al final del proceso EMDR, cierro con un ejercicio derivado la terapia Gestalt: la silla vacía. El ejercicio se hace con una silla vacía enfrente del paciente. Luego se le pide que imagine que en esa silla está sentada la persona con quien tiene el conflicto que debe resolver y le exprese todo lo que piensa y siente como si la persona estuviera presente. Es una técnica maravillosa, la aprendí cuando hice el máster en Programación Neurolingüística y desde entonces la utilizo con mis pacientes, pero bajo ese estado de relajación y siempre guiándolos para que al final del proceso se aseguren de estar en paz con quien causó el dolor. En realidad, eso es lo que genera el proceso: paz interior, una sensación de tranquilidad y liviandad. Es lo que refiere la mayoría de los pacientes al finalizar la terapia.

El ejercicio de la silla vacía está descrito en múltiples libros de psicología y videos en internet, lo cual hace muy tentadora la realización por cuenta propia. Sin embargo, insisto, siempre se debe contar con algún especialista que guíe el ejercicio.

LA HERRAMIENTA QUE ME CAMBIÓ LA VIDA

Otra herramienta que me abrió el camino de la transformación del cerebro fue la hipnosis. En 1998, durante mi servicio obligatorio como médico rural, estaba viendo un programa de televisión en el que aparecía un psicólogo haciendo "hipnosis". En apariencia, tenía el poder de hacer entrar a una persona en un estado parecido a un sueño profundo con solo mirarla fijamente a los ojos. Además, usaba esos "poderes mentales" para quitar algunas molestias menores, como dolores de cabeza o tensión muscular.

"Imposible", pensé (con el lado izquierdo de mi cerebro, el racional hipercrítico), "nadie tiene esos poderes, eso está arreglado, a esa gente le pagan por hacerse los dormidos". Mi escepticismo era total. Ya era médico, formado con todo el rigor científico y no me podía permitir el lujo de creer en esas cosas. No obstante, reconozco que ese día pensé (con el lado derecho de mi cerebro, el soñador, fantasioso y creativo): "¿Y si fuera verdad? ¿Si uno pudiera tener esos poderes? ¿Cómo sería poder programar la mente así de fácil para alcanzar objetivos, sanarme o sanar a alguien de cualquier dolencia física o mental?".

EL CEREBRO Y SU CAPACIDAD DE MODELARSE

La hipnosis clínica es enseñada en muchas escuelas de medicina del mundo, pero no fue el caso de la mía. En la nueva era no vi nada parecido a semejantes poderes, y con el Método Silva sí que podía programar mi mente, pero dormir a otro y además aliviarlo, eso era otro nivel.

Esto despertó mi curiosidad por la hipnosis. Así que me puse en la tarea de buscar más información. Como la hipnosis no estaba en mi arsenal terapéutico, tampoco se me ocurrió buscar algún artículo científico o un documento médico indexado en una de las tantas revistas a las cuales podía acceder en la biblioteca de la Facultad de Medicina.

Pero como Dios, el universo o como quieran llamarlo siempre me ha puesto todo en el camino, apareció un "ángel", un enviado "divino" con una encomienda "del más allá". Era un hombre de unos 50 años con un morral lleno de libros, que entró un día al hospital donde estaba trabajando. Este inesperado vendedor tenía un ejemplar de *Muchas vidas, muchos maestros*, el libro que, al escribirlo, le cambió la vida al doctor Brian Weiss y que también me la cambiaría a mí.

El doctor Weiss, siendo director del departamento de psiquiatría del hospital Mount Sinai de Miami, Florida, con cientos de investigaciones y publicaciones médicas relacionadas con la neurociencia de las enfermedades mentales, narra la historia de una joven paciente llamada Catherin, agobiada por sus fobias, quien llegó a su consulta remitida por sus colegas de este centro médico luego de que intentaran diferentes tratamientos convencionales sin mitigar sus síntomas.

Allí, en esas páginas, tuve de nuevo contacto con la hipnosis clínica y, dentro de ella, con una de sus vertientes, la terapia regresiva o de vidas pasadas. No obstante, por primera vez, la fuente era una persona de ciencia, nada más y nada menos que un psiquiatra norteamericano, respetado y reconocido dentro de su gremio. Así me enganché con esta terapia de por vida aun antes de ser psiquiatra.

QUÉ ES LA HIPNOSIS Y CÓMO FUNCIONA DESDE LA NEUROCIENCIA

La hipnosis es un estado modificado de conciencia caracterizado por una mayor atención focalizada y una menor conciencia periférica, lo que facilita la respuesta a las sugerencias que va haciendo el o la terapeuta. Desde una perspectiva neurocientífica, la hipnosis involucra cambios en la actividad y conectividad cerebral, en especial en áreas relacionadas con la atención, el control ejecutivo y la percepción. Se ha observado una disminución de la actividad en la red neuronal por defecto (DMN) y un aumento de la conectividad entre la corteza prefrontal dorsolateral (DLPFC) y la ínsula, estructuras fundamentales dentro de la red ejecutiva central (REC)[3].

Son múltiples las aplicaciones de la hipnosis cuando se usa dentro del contexto de la terapia (hipnoterapia). Hay evidencia que demuestra que los protocolos de hipnosis pueden ser útiles para el manejo del dolor y diferentes trastornos psicológicos como las fobias simples, las fobias sociales y el estrés postraumático, entre otros. También en el ámbito deportivo se utiliza

3   Jiang et al., 2016.

como una estrategia potenciadora a la hora de visualizar y enfocar la atención.

En mi práctica profesional, el uso de la hipnosis para reprogramar el cerebro y cambiar creencias limitantes es una herramienta de uso diario. Los programas limitantes residen en la mente no consciente. Durante un trance hipnótico, se puede acceder a esta región de la mente, permitiendo la modificación de patrones de pensamiento y conducta. Este proceso facilita la reprogramación de creencias y hábitos que, de otro modo, serían difíciles de cambiar solo mediante la voluntad consciente.

Durante la hipnosis, el cerebro es más receptivo a las sugerencias, lo que permite la introducción de nuevas creencias y comportamientos más positivos. Varios estudios han demostrado que la hipnosis puede aumentar la plasticidad cerebral, facilitando la formación de nuevas conexiones neuronales que sustentan estos cambios.

USO DE LA HIPNOSIS PARA ALCANZAR LA FELICIDAD

Para mí, la hipnosis es fundamental en mi práctica profesional, ya que me permite acceder y modificar los programas limitantes que residen en la mente no consciente de muchos de mis pacientes. Durante el trance hipnótico, puedo reestructurar experiencias y patrones de pensamiento, lo que mejora la autoconfianza, la regulación emocional y la percepción positiva de cada paciente. Esta transformación profunda facilita alcanzar un estado mental más equilibrado y ayuda a eliminar las barreras que nos impiden lograr el bienestar emocional y, en última instancia, la felicidad.

Al reflexionar sobre mi experiencia con la hipnosis, puedo afirmar que ha sido una adición invaluable a mi práctica holística. Aunque es común que las personas sean escépticas con respecto a esta técnica y crean erróneamente que tiene que ver con prácticas no católicas o incluso "satánicas", quiero aclarar que no es así. La hipnosis está avalada como terapia por instituciones prestigiosas como la American Psychiatric Association y la American Psychological Association y, en Europa, por entidades como la British Society of Clinical Hypnosis. No solo complementa otras técnicas terapéuticas, sino que también ofrece una vía única para promover la salud mental y emocional. Para mí, es una valiosísima herramienta para alcanzar la felicidad.

LA FELICIDAD

"La felicidad de tu vida depende
de la calidad de tus pensamientos".
Marco Aurelio

Iniciemos este capítulo haciéndonos dos preguntas: ¿Cómo defines la felicidad? ¿Eres realmente feliz? Tómate tu tiempo.

Si hiciéramos una lista de lo que cada uno considera que es la felicidad, con seguridad aparecerían frases como: tener un buen matrimonio, dinero suficiente para vivir una vida de lujos (la famosísima abundancia), éxito laboral, etc. No dudo de que en algunas listas también surjan frases como tener paz, equilibrio y poder dormir tranquilos.

Todos tenemos una idea diferente de lo que nos puede hacer felices, incluso la mayoría de nosotros podríamos pensar que todas estas cosas juntas serían la verdadera felicidad; pero, es curioso, muchas personas han alcanzado riqueza, éxito, belleza, menos estrés en sus vidas, tienen salud y, según la psicología positiva, no son más felices, en promedio, que las personas que no disfrutan de esos aspectos.

Santo Tomás de Aquino decía que el dinero, el poder, el placer y la fama nos prometen felicidad, pero en realidad no la dan porque nunca estamos satisfechos con nada de aquello y siempre queremos más.

Pareciera que nunca nos sentimos plenos con nuestros logros. No importa cuánto placer experimentemos, cuánto éxito tengamos, con el paso del tiempo, la euforia, la alegría, el subidón emocional que surge al momento de obtenerlos se va diluyendo, todo se vuelve normal, cotidiano otra vez y estamos anhelando algo más, algo que nos haga de verdad felices, otras experiencias, nuevos logros. En apariencia, la auténtica felicidad está más relacionada con el proceso de alcanzar la meta que con ella misma. Este proceso se conoce con el nombre de adaptación hedónica, que no es otra cosa que la capacidad que tenemos para "acomodarnos" a las situaciones tanto positivas como negativas.

Alguien compra el mejor carro, el que más le gusta, el más costoso, y eso lo llena de satisfacción y alegría, pero a los pocos días o semanas ese carro no es más que eso, un carro, ya no es algo novedoso para el cerebro y por eso no siente la

LA FELICIDAD

misma satisfacción que tuvo al momento de adquirirlo, pues se ha acostumbrado a él.

Pero la adaptación hedónica también se presenta en situaciones que no son alegres o positivas. Por ejemplo, en ese mismo auto, esa persona tiene un accidente y, como consecuencia, pierde la visión de su ojo derecho. Esto genera malestar, tristeza y angustia, pero a medida que el tiempo va pasando, esa persona no solo se adapta y aprende a vivir solo con su ojo izquierdo, sino que además puede encontrar en esa experiencia traumática la forma de fortalecerse en lo emocional, lo que conocemos como resiliencia, que, dicho sea de paso, es un proceso que hace que potencialmente seamos más felices.

Albert Schweitzer, ganador del Premio Nobel de Paz en 1952, escribió: "El éxito no es la clave de la felicidad. La felicidad es la clave del éxito". Y es cierto, las investigaciones modernas muestran que las personas felices son más exitosas en todas las áreas de la vida y, digo esto, porque hoy se puede medir la felicidad (aunque ninguna prueba es 100% perfecta). Pero las investigaciones también muestran que lo que llamamos felicidad no es permanente, sino efímero; que experimentamos solo períodos de felicidad y que en realidad no somos muy buenos a la hora de crearla. Yo no coincido del todo en este punto, pues estoy convencido, y así lo demuestran muchos estudios, de que podemos entrenar la mente para ser felices, tener bienestar y no dejar la felicidad al azar.

No obstante, al parecer, la mayor parte de lo que determina la felicidad se debe a la personalidad, que como hoy sabemos, 50 % es adquirida genéticamente (temperamento) y 50 % es aprendida (carácter). La personalidad determina en gran medida la manera de pensar y de comportarnos, en otras palabras, la forma en que reaccionamos ante las diferentes circunstancias de la vida.

"La felicidad es seguir deseando todo lo que uno ya posee".
San Agustín

GESTIONAR LAS EMOCIONES

Sabemos que las emociones son reacciones neuroquímicas y hormonales súbitas e intensas de corta duración que aparecen como respuesta a determinados estímulos externos, como podría ser algo que escucho o veo, pero también a estímulos internos, como un pensamiento. Las emociones son físicas e instintivas, inconscientes, no son mediadas por la razón y preceden a los sentimientos. Las emociones nos impulsan a movernos, nos llevan a la acción, ya que están relacionadas con las zonas motoras del cerebro. Se han definido seis emociones básicas: alegría, tristeza, ira, miedo, asco y sorpresa.

Los sentimientos, a diferencia de las emociones, son menos intensos, pero más duraderos en el tiempo y aparecen como resultado de la toma de consciencia (proceso cognitivo) de una emoción, es decir, un sentimiento es la unión de una emoción y del pensamiento y se forma cuando le damos un determinado valor a la emoción y emitimos un juicio sobre ella. La idea de que la percepción e interpretación de los eventos tiene un impacto significativo en la felicidad nos sugiere que las personas pueden mejorar su bienestar al cambiar la forma en la que piensan y reaccionan sobre las experiencias de la vida. El concepto o percepción de la realidad no es la realidad. Es aquí, queridos lectores, donde para mí está la clave de la felicidad: una mente entrenada, una mente atenta.

¿Con qué creen que interpretamos lo que nos pasa? Con seguridad, nadie contestaría algo diferente de "con la mente". Así es, nos pasan cosas, están ahí y, como consecuencia, aparecen las emociones, pero es esa labor cognitiva —el análisis de la emoción— la que nos lleva a tener un sentimiento. Los sentimientos se pueden clasificar como negativos (el abandono, la frustración, la ira, la desesperanza, la culpa, los celos, etc.) y en positivos (la felicidad, el amor, la gratitud

EMOCIÓN
Más intensa
Más corta
Ocurre antes
Se identifica físicamente
Se manifiesta inconscientemente

SENTIMIENTO
Menos intenso
Dura más
Ocurre después
Pueden no producir señales físicas
Se manifiesta conscientemente

y la esperanza). Como ven, la felicidad es un sentimiento y, como todo sentimiento, va a depender del significado que le demos a lo que nos pasa.

La psicología positiva es un enfoque de la psicología que tiene bases científicas y busca el modo de fortalecer aspectos fundamentales del ser humano, como el optimismo, la fe, la esperanza, la honestidad y la perseverancia, entre otros. Afirma que cada uno de nosotros puede, si se lo propone, aumentar su capacidad para sentir emociones y sentimientos positivos, asegurando que esto tiene un gran beneficio en la salud física y emocional.

El origen moderno de la psicología positiva se le adjudica al doctor Martin Seligman. Tanto Seligman como sus colegas y colaboradores postularon que la felicidad radica en estar en paz con el pasado, ver el futuro con esperanza y tener una buena actitud hacia el presente, ser capaz de adaptarse y fluir con él.

La afirmación esencial de la psicología positiva es que la gente común puede volverse más feliz cuando aprende a regular sus emociones y a administrar sus sentimientos en lugar de ser controlada por ellos; sin embargo, para lograr esto se requiere entrenamiento, conocimiento y esfuerzo; en consecuencia, la felicidad no depende tanto de las circunstancias, sino de la actitud consciente y positiva de cada uno de nosotros, de entrenar la mente de manera adecuada.

"Doctor, es que usted no entiende, mi mente no para de pensar siempre de forma negativa, y sacarse esos pensamientos de la cabeza es imposible", suelen decirme los pacientes.

LA FELICIDAD

No se trata de sacarse los pensamientos de la cabeza, pues eso es imposible, y tampoco de negarnos a sentir. Se trata de gestionar de una forma adecuada las emociones y para eso debemos estar atentos, parar y observar los pensamientos. Como lo explica el ingeniero biomédico David del Rosario, los pensamientos son solo una opción, una propuesta que hace el cerebro, pero no necesariamente son la realidad. El doctor Del Rosario afirma que en sus investigaciones ha podido demostrar que cuando pensamos, de inmediato también sentimos; que en las neuroimágenes se evidencia que al pensar se activa la corteza prefrontal, pero también el sistema límbico (emocional) y viceversa. Por eso utiliza en sus charlas y seminarios el término "pensaciones" y propone que si somos muy racionales, creemos que pensamos primero y luego sentimos, pero que si somos más emocionales, creemos que sentimos y luego pensamos.

Existe un proceso fabuloso que la neurociencia ha corroborado y es que el cerebro nos propone nuevos pensamientos cada dos a tres segundos debido a los denominados microestados. Los microestados son segmentos de tiempo dentro de la actividad eléctrica del cerebro, específicamente en la corteza prefrontal que tienen una duración promedio de 1.21 milisegundos, lo que significa que el cerebro puede generar nuevos pensamientos y estados mentales varias veces por segundo.

El flujo continuo de pensamientos lo genera una red neuronal, conocida con el nombre de red neurológica por defecto (RND), y de ella hablaré un poco más adelante, pero les puedo decir que la mayoría de los pensamientos que genera son del pasado (dolorosos y tristes), del futuro (angustiantes y terroríficos) o está ocupada en un diálogo, por lo general, lleno de autocríticas negativas[4].

Podemos, de forma deliberada (y por fortuna), llevar la atención a donde queramos. Esto es posible gracias a una red neuronal llamada la red ejecutiva central (REC), que es como la kriptonita, la antagonista de la red neurológica por defecto. Esta red ejecutiva central, también conocida como red de la atención, es en la que debemos trabajar si queremos tener una mente entrenada y alcanzar la felicidad.

> **"Tu concepto o percepción de la realidad no es la realidad. Cuando quedas atrapado en tus percepciones e ideas, pierdes la realidad".**
> **Thich Nhat Hanh**

Hoy en día, la neurociencia nos dice que las emociones están ligadas al cuerpo y las posturas y, por ende, a la toma de decisiones. Por eso también nos invita a que aumentemos la consciencia corporal, a que nos observemos en detalle a nosotros mismos, como una forma adicional, pero a la vez muy importante, de entrenar la atención y regular las emociones. Por esta razón nos propone desarrollar técnicas que involucren al tiempo la meditación y el movimiento, en

---

4 Se calcula que el 90 % del tiempo, cuando vamos en piloto automático y no somos conscientes de lo que estamos pensando, eso es lo que sucede. Ese estado se conoce como "vagabundeo mental". En el artículo "Una mente divagante, una mente infeliz" de la Universidad de Harvard, se afirma que el 47 % del tiempo la mente diverga y que el fin de semana lo hace el 75 % del tiempo.

especial el *chi kung*. Ejercicios como el *taichí* y el yoga también pueden ser útiles para este propósito, aunque no gozan de la evidencia científica que sí tiene su pariente cercano, el *chi kung* o *qi gong*[5].

---

5 Es una práctica tradicional china que combina movimientos suaves, posturas, técnicas de respiración y meditación para equilibrar el "chi" o energía vital. Su objetivo es mejorar la salud física y mental, aumentar la vitalidad y promover la longevidad. Los ejercicios son lentos y controlados, permitiendo a los practicantes concentrarse en la respiración y en el flujo de energía en el cuerpo. Además de sus beneficios físicos, el *chi kung* ayuda a reducir el estrés, mejorar la concentración y proporcionar paz interior. Popularizado en Occidente a partir de la década de 1970, es accesible para personas de todas las edades y niveles de habilidad y se utiliza tanto como ejercicio suave y como técnica de meditación.

NEUROCIENCIA Y ESPIRITUALIDAD

Muchos pacientes me dicen que la razón por la cual escogieron mis servicios como médico es que les gusta que sea psiquiatra y a la vez tenga un enfoque "muy espiritual". Cuando esto pasa, y pasa bastante, siempre les pregunto: "¿Y usted también es muy espiritual o no?".

La respuesta siempre es la misma: "¡Claro que sí, doctor, yo también soy muy espiritual!". Entonces pregunto: "¿Qué es espiritualidad para usted?, ¿cómo sabe que es muy espiritual?". Es en ese punto donde muchas personas comienzan a "patinar".

—Pues voy a misa los domingos y rezo por las noches —dicen algunos.

Otros dicen que meditan todos los días. Una vez una paciente me dijo:

—La espiritualidad es "el despertar de la consciencia".

—¿El despertar de cuál consciencia? —le pregunté.

—Pues, del ser —respondió.

—¿De cuál ser? —le refuté.

—Pues no sé, doctor, ¿del de uno?

Otra paciente me dijo que la espiritualidad era la iluminación. Ya se imaginarán cuál fue mi siguiente pregunta.

Como les dije, no soy ningún gurú, maestro espiritual ni iluminado, solo soy un psiquiatra; pero quiero decirles que a través la espiritualidad he descubierto una forma de vivir mucho más tranquila, sin tanta ansiedad, sin tanto miedo, más feliz y en paz conmigo mismo y con los demás. También es importante recalcar que encontré en la visión espiritual de la vida una poderosa herramienta para ayudar a menguar el dolor y sufrimiento de muchos pacientes. Por eso quiero compartir lo que sé y entiendo, esperando de verdad que muchos de ustedes al leer estas líneas se adentren en ella, la vivan y, al igual que yo y varios de mis pacientes, encuentren respuestas y sentido a la existencia humana en esta tierra.

Primero que todo, es importante aclarar que muchas personas tienden a confundir la espiritualidad con la religión. Aunque esta es una discusión eterna, no es necesario pertenecer a ninguna religión para ser una persona espiritual. La espiritualidad se puede manifestar en la vida de muchas formas y es una búsqueda personal de significado, conexión y propósito que va más allá de los dogmas, cultos y ceremonias religiosas.

La religión dirige el comportamiento moral de una persona o comunidad. Por medio de estos tres elementos: dogma, culto y moral, la religión se expresa y reconoce una relación con un dios o dioses, y esto nos permite comparar diferentes religiones entre sí.

La espiritualidad, en cambio, no pertenece a ninguna religión. Es la vivencia personal del alma con su creador, el creador de todo, Dios, la fuente, el universo, etc. Cada uno lo puede nombrar como desee.

Para mí, la espiritualidad es el encuentro íntimo del alma con Dios (o como usted lo llame y se sienta cómodo haciéndolo). Siendo así, podemos decir que la religión cree en Dios (fe), y la espiritualidad lo siente (certeza). Por eso dije antes que no se requiere pertenecer a ninguna religión para ser "espiritual".

Para ayudar a entender mejor esto, me gusta la definición de la Real Academia Española:

"Espiritual. **1.** adj. Perteneciente o relativo al espíritu. **2.** adj. Dicho de una persona: Muy sensible y poco interesada por lo material".

Ser espiritual es ser consciente de que soy un espíritu (con "e" minúscula) y que fui creado por una energía, un Espíritu superior (con "E" mayúscula), Dios o como quieran llamarlo. Digamos que esta es una forma de definirlo sin enredarnos demasiado, pero hay mucho más que comprender en torno a la espiritualidad.

Primero, creo pertinente aclarar el concepto de la palabra alma. Tanto la palabra "alma" como la palabra "espíritu" se han utilizado a través del tiempo en diferentes culturas y religiones como sinónimos, pero también es cierto que en algunos contextos se hace una diferenciación que a mi gusto no es muy clara.

En general, quienes hacen esta diferenciación piensan que el alma es la parte inmortal del ser que trasciende la muerte y el espíritu, una entidad o fuerza energética que existe en la naturaleza, las cosas y en el universo en general.

Yo adopté de mi amigo Roberto Pérez, filósofo y teólogo argentino, una definición que me satisface por completo: "El alma es el espíritu dentro del cuerpo físico".

Las religiones más importantes, de una u otra manera, nos dicen que el "espíritu-alma" es creado por una energía superior (Dios) y que el propósito es aprender y crecer, ser mejores espiritualmente. Al final, ese crecimiento sirve para ganarnos el "cielo" y quedarnos junto a Dios en una sola "vuelta por la tierra", si mi religión no acepta la reencarnación, o en múltiples encarnaciones, cuando se acepta este concepto. Todo dependerá de la doctrina que se practique.

Pero sucede algo muy importante: al nacer somos el cuerpo físico y el espíritu, el "yo-soy", la consciencia o el alma, el pedacito de Dios dentro de cada uno de nosotros, pero a medida que crecemos y nos relacionamos con otros, aparece un personaje adicional en la escena, personaje por demás muy protagónico y que, al igual que el alma, no tiene cuerpo físico, pero sí que está dentro de nosotros: el ego.

En realidad, el ego no aparece de la nada, nosotros lo vamos creando cuando comenzamos a identificarnos, siendo muy niños, con las posesiones, habilidades, fallas y con el concepto que los demás tienen de nosotros. A medida que pasa el tiempo se va reforzando y estructurando con base, por ejemplo, en la apariencia física, los estudios, la carrera, el estatus social, etc.

En el ámbito espiritual, el ego es esa parte de mí que está separada de la fuente creadora, de mi verdadera esencia. Es esa parte que cree que valgo por mi apariencia, por lo que soy (profesión, títulos, etc.) y por lo que tengo (posesiones materiales). Además, y tristemente muy importante, el ego piensa que yo soy lo que los demás piensan de mí.

¿Por qué surge el ego? Porque de una u otra forma tengo que empezar a sobrevivir en ese nuevo cuerpo, en esa nueva familia, en ese nuevo rol y, como al nacer mi consciencia "es reseteada", no tengo idea de quién soy ni a qué vine a este "paseo". Sea como sea, tengo que salir adelante y por eso surge el ego como una falsa identidad con la que me voy desenvolviendo en la tierra. Es una máscara con la que enfrento al mundo, pero en realidad ese no soy yo, ¡yo soy consciencia, un pedacito de Dios y el ego no es más que una falsa identificación!

EL EGO NO ES EL ENEMIGO

El ego se ha señalado como el enemigo, pero no lo es. Es un gran compañero de viaje cuando en realidad ocupa esa posición. El problema surge cuando quiere el protagonismo, cuando quiere dirigir el viaje y escoger el destino.

Lo voy a explicar con una metáfora que me encanta: el carruaje de Gurdjieff. George Ivanovich Gurdjieff fue un místico y maestro espiritual ruso que tuvo un gran impacto en el siglo XX con sus enseñanzas con respecto al "despertar de la consciencia".

Le gustaba transmitir sus conocimientos por medio de parábolas y metáforas y esta es, tal vez, la más conocida de todas.

Es posible que encuentren algunas versiones un tanto diferentes. Esta es la que conozco y me parece tan clara y didáctica que la uso siempre cuando de enseñarla se trata.

La metáfora se compone de cinco elementos: el carruaje, los caballos, el cochero y dos pasajeros. Cada uno representa una función: el carruaje representa el cuerpo físico, es el vehículo que escogimos para que el alma pueda transitar y tener una experiencia terrenal. Los caballos son los que tiran del cuerpo, son las emociones, pero requieren de alguien que los controle, pues desbocados pueden ser un gran problema, por eso aparece el cochero. El cochero es la mente. Una mente entrenada es capaz de regular de forma adecuada las emociones, de "controlar y dirigir a los caballos". Los dos pasajeros son la consciencia, que es en realidad el dueño del carruaje, ocupa su lugar en el coche antes de nacer y

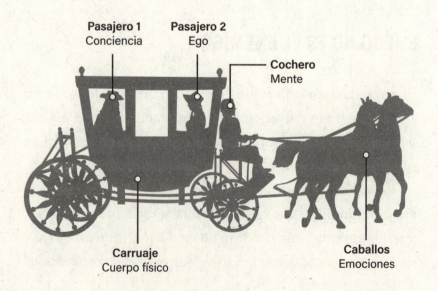

tiene un plan de viaje: el camino del crecimiento espiritual, adquirir valores como la justicia, la bondad, la generosidad, la humildad, etc., transitar por el camino del amor benevolente y de la compasión.

El otro pasajero es el ego. Es un muy buen compañero de viaje, aunque le gusta el protagonismo y en sus planes no está el camino de la realización espiritual. Tiene intereses más terrenales: ser más importante, tener más bienes materiales, más reconocimiento. De alguna manera, esto no es malo, ya que nos ayuda a exigirnos y a alcanzar metas que podrían ser más o menos importantes. El verdadero problema radica en que cuando quiere alcanzar todo esto, no le importa cómo lo haga y solo está enfocado en lograrlo.

LA USURPACIÓN DEL EGO

Para seguir con la metáfora, el dueño del carruaje (la conciencia) le dice al cochero (mente) qué camino tomar: el de la gloria, el gozo y la generosidad. El cochero obedece a su "patrón" y le ordena a los caballos (emociones) que tiren del coche (cuerpo físico) y que transiten por ese camino. Pero una vez que comienza el viaje, la conciencia se "duerme" (va en automático) y el ego, ni corto ni perezoso, aprovecha para tomar el control.

En Colombia usamos la expresión "dar papaya", lo que quiere decir que hay una oportunidad de sacar ventaja porque alguien se descuidó. Pues aquí la consciencia le "da papaya" al ego, y este aprovecha para tomar el control. Puede pasar que el coche esté siendo tirado por los caballos (emociones) que andan desbocados sin control, porque la mente (cochero) se identificó con el ego, pero en una de esas sacudidas bruscas, el dueño del carruaje (el espíritu) se despierta, saca la cabeza para mirar qué está pasando y se da cuenta de que el cochero no está siguiendo sus instrucciones, que se desvió del camino y es justo en ese momento que toma el control de nuevo. Lo primero que hace es desplazar al ego a su posición original de compañero de viaje. Al asumir el mando, le dice al cochero que retome el camino. Con esta nueva orden, el cochero (mente) toma el control de los caballos (emociones) y volvemos a la senda de la gloria, el gozo y la generosidad.

Cuando el ego es quien dirige el rumbo, se sufre, ya que este utiliza algunas estrategias que comprendí en el libro de Eckart Tolle, *El poder del ahora*. Por ejemplo, el ego usa el "tiempo psicológico" para mantenernos presos en su realidad. Constantemente nos lleva al pasado a recordar momentos dolorosos y difíciles que ya no podemos cambiar, pero que al recordarlos generan el mismo dolor que cuando los vivimos. Es una forma de adicción al dolor: recordamos, sufrimos, volvemos a recordar y volvemos a sufrir. También nos lleva al futuro, a un futuro lleno de calamidades e incertidumbre en el que tampoco tenemos certeza de que sucederá, pero vemos esos escenarios tan claros en la mente que nos generan angustia y sufrimiento. El ego nunca nos permite habitar en el presente, si lo hiciéramos, él se desvanecería, ya que el tiempo presente es dominio de la consciencia.

Sufrimos en el camino del ego por causa de otra de sus estrategias: la victimización. "Pobrecito yo", "qué pesar de mí", "nadie me quiere", "nadie me entiende", "no es mi culpa" son algunas de las frases que usa el ego. El ego no nos permite responsabilizarnos de nosotros mismos y siempre está buscando culpables afuera.

Pero la más poderosa estrategia del ego para controlarnos es hacernos creer que valemos por lo que los demás piensan de nosotros. Estamos demasiado atentos al concepto que los otros puedan tener de nosotros y claro, no todo el mundo va a hablar bien de uno.

Cuando las cosas no van como el ego desea, se resiste. La resistencia es otro concepto interesante. Me niego a lo que está pasando, no lo acepto y sufro. Muchas veces nos enceguecemos y no somos capaces de darnos cuenta de que sufrimos por cosas que no están bajo nuestro control, como la muerte, por ejemplo. No quiere decir que no se pueda sentir dolor o sufrimiento ante la pérdida de un ser querido, sino que no depende de nosotros cambiar el suceso. Es ahí donde debemos aplicar "la aceptación". Reconozco que lo que está pasando no me gusta, pero como no lo puedo cambiar, hago todo lo que esté en mis manos para transitar de la mejor manera este momento difícil, para fluir con él y, en lo posible, también para aprender del mismo, salir fortalecido y ser más resiliente.

La práctica de la aceptación es un concepto que también aprendí con la lectura de *El poder del ahora*, un libro que les recomiendo a todos, aunque es un tanto complejo de leer si no están familiarizados con algunos conceptos referentes a la espiritualidad. Por eso, después de varias lecturas, hice un resumen que quedó grabado en un video que les puede servir de abrebocas para preparar la mente y poder así digerir su contenido con facilidad y que se puede escanear en el siguiente QR:

Hoy, la aceptación es una herramienta utilizada en la terapia dialéctica conductual y se le conoce con el nombre de "aceptación radical".

Muchas veces, las cosas no son o salen como deseamos. Ante ese tipo de circunstancias, lo primero que debemos preguntarnos es ¿qué tanta responsabilidad puedo tener en lo que está sucediendo?, ¿hay algo que pueda hacer, que dependa de mí para mejorar la situación? Si es así, ¡pues manos a la obra! Pero en ocasiones las cosas que pasan son de verdad irremediables y no hay nada que podamos hacer. Es justo ahí cuando la aceptación es la mejor opción: aprender a fluir con el momento presente, adaptarme rápidamente a la situación actual y aferrarme con esperanza a que, lo que sea que está sucediendo, en algún instante cambiará para bien.

> "Si un problema se puede arreglar, si se puede hacer algo al respecto de una situación, entonces no hay necesidad de preocuparse. Si no es corregible, entonces de nada ayuda preocuparse. No existe ningún beneficio en la preocupación".
> Dalái lama

Epicteto, filósofo del siglo I d. C., propuso la idea de la "dicotomía del control". Básicamente, su propuesta es que debemos aprender a distinguir entre lo que está bajo nuestro control y lo que está fuera de él. Decía que bajo nuestro control están los propios pensamientos, creencias, deseos y acciones.

Por el contrario, los eventos externos, los resultados, la opinión de los demás, la reputación, la naturaleza y todo lo que no es la propia voluntad o mente interna, estaría fuera de nuestro control y no importa qué tanto nos esforcemos, nunca vamos a tener el control de estos aspectos. Así pues, si nos preocupamos o angustiamos por todo lo que no podemos controlar, sentiremos un sufrimiento innecesario.

Un famoso pasaje del *Enquiridión* o Manual de vida de Epicteto dice: "No son los hechos en sí los que perturban a las personas, sino sus juicios sobre los hechos. Por lo tanto, la muerte no es algo aterrador, sino el juicio de que la muerte es algo aterrador. Entonces, cuando nos encontramos obstaculizados, perturbados o afligidos, nunca debemos atribuirlo a otros, sino a nosotros mismos, es decir, a nuestros propios juicios".

En el viaje del alma aquí en la tierra, debería llegar un punto en el cual, por una razón u otra, ella recuerde y reconozca su propia naturaleza, su esencia espiritual, aquello que durante mucho tiempo estuvo a la "sombra del ego", quien de forma astuta logró engañarla y hacer que se identificara con él. En ese momento debería recordar que su misión es crecer espiritualmente y, aunque quizá aún no sepa cómo hacerlo, percatarse de que seguir identificada con el ego no es el camino correcto.

¿DÓNDE SE ENCUENTRAN LA NEUROCIENCIA Y LA ESPIRITUALIDAD?

Les mencioné que en mi oficio como psiquiatra es muy importante relacionar y usar las herramientas de la neurología y de la espiritualidad, pues hacerlo me ha permitido tener una comprensión más profunda de la experiencia humana.

Creo, al igual que muchos investigadores de renombre, que "la neurociencia no está descubriendo, sino que está reconociendo" los beneficios de lo que las tradiciones místicas llevan siglos practicando. Cada vez son más las investigaciones en neurociencia que nos muestran cómo las estructuras y funciones del cerebro pueden ser influenciadas por ciertas prácticas espirituales, como algunas formas de respiración derivadas de las antiguas prácticas *pranayamas*, al igual que de diferentes tipos de meditación que incluyen cantos, mantras o también la generación de sentimientos y deseos de amor bondadoso, compasivo, benevolente. Por eso pienso que la meditación puede ser considerada "la gran puerta de entrada a la espiritualidad".

Meditar tiene el poder de fortalecer cualidades esenciales del ser y valores espirituales, como la empatía, la compasión, la gratitud, la tolerancia y el perdón. Mediante la activación y el fortalecimiento de estructuras cerebrales específicas, como la ínsula, el giro cingulado anterior, el hipocampo, la corteza prefrontal y la amígdala, la meditación facilita una conexión más profunda con las emociones de nuestros semejantes y, por ende, con la verdadera naturaleza divina.

NEUROCIENCIA Y ESPIRITUALIDAD

Hoy en día se sabe que hay estructuras cerebrales que se alteran consistentemente en las personas que practican con regularidad la meditación:

1. Corteza prefrontal polar: aumenta la metaconciencia, permitiéndonos ser más conscientes de nuestros pensamientos y procesos mentales.
2. Cortezas sensoriales: mejoran la percepción y procesamiento de las sensaciones corporales externas.
3. Ínsula: intensifica la conciencia corporal interoceptiva, ayudándonos a sentir y comprender las señales internas del cuerpo.
4. Hipocampo: facilita la consolidación y reconsolidación de la memoria, permitiéndonos recordar y reorganizar las experiencias.
5. Corteza cingulada anterior y media: cruciales para la autorregulación y la regulación emocional, mejoran el control de impulsos y emociones.
6. Corteza órbitofrontal: participa en la toma de decisiones y en la regulación emocional, ayudándonos a evaluar y responder de forma adecuada a situaciones emocionales.
7. Fascículo longitudinal superior: mejora la comunicación intra e interhemisférica, facilitando la coordinación entre diferentes partes del cerebro.
8. Cuerpo calloso: facilita la comunicación entre los hemisferios cerebrales, promoviendo una integración y procesamiento de información más eficiente.

Como ven, estas áreas son fundamentales para la autorregulación emocional, la toma de decisiones y la comunicación interna del cerebro. Al meditar, no solo fortalecemos estas estructuras, sino que también aumentamos la capacidad de conectar con las emociones de los demás, fomentando la empatía, la bondad, la generosidad y la compasión. En esencia, la meditación nos hace más espirituales al cultivar los auténticos valores del ser, el verdadero fin del alma.

Por último, no olvidemos que tenemos una red de neuronas que nunca descansa, la red neurológica por defecto (RND), responsable del "vagabundeo mental", la que siempre está pensando en nosotros mismos, en el pasado triste y victimizador o en el futuro caótico, en el tiempo psicológico ¿Cómo no identificar esta red con el ego?, ¿con esa parte de nosotros que cree que somos lo que tenemos (los títulos, la apariencia) y que siempre sufre por estar pendiente de lo que los demás piensan de nosotros? El ego es una construcción mental que se alimenta de los pensamientos, creencias y percepciones, creando una separación entre nosotros y el presente. Tiene la necesidad constante de afirmarse, compararse y defenderse, lo que nos lleva a una experiencia constante de insatisfacción y sufrimiento.

Utiliza el tiempo psicológico para sobrevivir en el pasado y en el futuro, pero no puede sobrevivir en el presente, pues allí se desvanece y por eso lo identifico con su correspondiente neurológico, la red neurológica por defecto (RND).

Pero, por otro lado, tenemos la red que nos permite enfocarnos en el momento presente: la red ejecutiva central

(REC), la que nos ancla en el único tiempo del que disponemos, el ahora. No sé a ustedes, pero a mí se me asemeja a la consciencia. La consciencia es el estado de presencia y conexión con el ahora.

Sé que puede verse muy osado intentar trazar paralelismos entre la espiritualidad y la neurociencia habiendo sido siempre estos conceptos tan opuestos, sobre todo porque tengo muy claro que las dimensiones del ego y la conciencia trascienden los límites de lo biológico. No obstante, para mí, el hecho de que existan estos paralelismos demuestra que, de alguna manera, la ciencia y la espiritualidad pueden entrelazarse. Este entrelazamiento sugiere que podemos aprovechar tanto el conocimiento científico como las prácticas espirituales para entrenar el cerebro y cultivar una vida más plena y feliz. Y esto es lo que veremos en las próximas páginas.

Desde una perspectiva espiritual, reconocer la influencia del ego en la existencia es esencial para comprender su propósito: alejarnos del verdadero ser, de la conexión con lo divino. Es fundamental discernir que aunque la mente se haya identificado con esta voz interna vinculada al miedo, la división, la envidia y otros sentimientos negativos (RND), nosotros no somos esa voz. No somos nuestros pensamientos, sino seres de consciencia (REC). El propósito de la vida humana es servir, mostrar compasión y tener voluntad de ayudar a otros. La verdadera misión es trascender el dominio del ego y restablecer el vínculo con lo divino. Alcanzar esta meta puede significar el cese del sufrimiento. Ser conscientes del ego y aprender a trascenderlo es el primer paso en la búsqueda de la felicidad.

PROCRASTINACIÓN Y FUERZA DE VOLUNTAD

Para alcanzar la verdadera felicidad es fundamental enfrentarse a un monstruo gigantesco: la procrastinación. Este hábito puede limitar significativamente el deseo de aprendizaje, de cambio, el desarrollo cognitivo y, en última instancia, también nuestro bienestar emocional.

La procrastinación a menudo se origina en el miedo al fracaso, al juicio de los demás o a no cumplir con sus expectativas. Este temor al qué dirán es solo una parte del problema, ya que también hay factores psicológicos importantes, como la indecisión, las creencias irracionales sobre uno mismo y la baja autoestima.

Desde una perspectiva psicológica, la procrastinación se considera un fallo en la autorregulación. Esto significa que, en lugar de trabajar en metas a largo plazo, buscamos alivio inmediato para el estado de ánimo. Aquí es donde entra en juego el sistema límbico, la parte del cerebro que busca recompensas rápidas y emocionales.

El sistema límbico, relacionado con las emociones y la gratificación instantánea, a menudo sabotea nuestros objetivos. Esto sucede porque cuando enfrentamos una tarea difícil, el cerebro prefiere evitar el estrés y busca actividades que nos hagan sentir bien de inmediato, aunque estas no nos acerquen a las metas que nos hemos trazado.

Siendo muy honesto, debo confesar que me considero un muy buen procrastinador. De esos que aplaza lo que se puede aplazar hasta que, un día cercano a la fecha de entrega, se le activa ese botón de pánico que todos llevamos dentro y que nos advierte que queda poco tiempo para entregar un informe, una tarea o algo que debíamos haber hecho o, por lo menos, empezado hace algún tiempo y que aún no iniciamos. Ese botón de pánico nos advierte del riesgo de no cumplir con la obligación acordada, perder la credibilidad, el buen nombre e incluso hasta el empleo.

Sé que muchos se identifican conmigo en esto porque es una consulta muy frecuente en mi práctica como psiquiatra.

No todas las personas planifican y cumplen a cabalidad con los plazos y fechas establecidas. No quiere decir que no se pueda hacer, es solo que para el cerebro de muchos es más cómodo seguir operando de la forma aprendida, procrastinando y haciendo todo "a la carrera" cuando el botón se activa: con poco tiempo, en ocasiones trasnochando y sacrificando fines de semana, pero al final, haciendo lo que había que hacer, entregando la tarea, el informe, la presentación, etc. NO ES LO IDEAL, pero a mí me ha funcionado y sé que a muchos de ustedes también.

No me estoy vanagloriando por ser un procrastinador, no es algo para "sacar pecho" ni sentirse orgulloso, solo que me ha funcionado. Al parecer, trabajar bajo presión activa en algunos, mecanismos que consciente o inconscientemente permiten sacar adelante proyectos y llevarlos a buen puerto.

Se preguntarán entonces cómo puedo orientar a los pacientes que también tienen este problema. Primero, soy honesto y les digo que yo también lo sufro. Les recomiendo libros y videos de psicólogos y expertos en conducta que han diseñado el método perfecto para superar la procrastinación, pero advirtiéndoles, eso sí, que hasta ahora no me han funcionado.

Segundo, les pregunto qué tan problemático es esto para sus vidas. Aparte de los trasnochos y de los fines de semana "sacrificados" sacando adelante las obligaciones asignadas, qué tan malo ha sido esto en realidad. Si el paciente al final hace el balance y este termina siendo positivo, es decir, mal que bien cumplió con sus obligaciones, no es grave. La verdad, pocos pacientes tienen problemas graves con esta forma de actuar, por lo menos eso es lo que he podido observar en mi consulta. Claro que he conocido pacientes en los cuales la procrastinación ha sido una verdadera tragedia, pero estos casos siempre han estado asociados a alguna patología psiquiátrica, principalmente al déficit de atención en el adulto, que, de paso sea dicho, es una condición bastante frecuente en nuestros tiempos.

Déficit de atención en el adulto:

En general, las personas que procrastinan se han acostumbrado a actuar así, llevan toda la vida haciéndolo y les ha funcionado, es su *modus operandi*. Creo que a todos nos gustaría ser más disciplinados, sobre todo cuando, aunque hemos cumplido con la misión asignada, en el fondo nos queda ese sinsabor de no haber actuado como debíamos, de haber perdido tanto tiempo en Instagram o pasando tardes enteras en maratones de Netflix o de HBO, sabiendo que, si hubiéramos administrado mejor el tiempo, con toda seguridad podríamos haber hecho un mejor trabajo.

¿Por qué traigo a colación este tema? El verdadero problema de la procrastinación, desde mi punto de vista, es que si bien muchas de las tareas que aplazamos tienen ese botón del pánico que nos avisa que se aproxima el tiempo límite de entrega, en la vida de todos hay tareas, proyectos y planes que sabemos que tenemos que hacer, pero que si no los cumplimos, no vamos a quedar mal con nadie (solo con nosotros mismos), y nada importante depende de su realización. Esa es la razón por la que seguimos aplazando indefinidamente proyectos, deseos y planes.

Me refiero a metas como perder peso, por ejemplo. "Sí, sé que puedo estar algo pasado de kilos, pero la dieta puede esperar hasta el lunes". El problema es que cada lunes iniciamos una dieta que siempre se ve interrumpida con cualquier argumento que, por lo general, aparece antes del miércoles. "¿Aprender un idioma? ¡Claro!, eso ayudaría mucho en mi carrera y hasta mejoraría mis ingresos y opciones laborales, pero ¿a qué horas estudio?" "¿Hacer deporte? Sé que es importante para mi salud, pero en las mañanas no tengo tiempo y en las noches estoy cansado de tanto trabajar". "¿Organizar mis finanzas? ¿Pagar y cancelar las cinco tarjetas de crédito que tengo a reventar y no volver a endeudarme? Sería muy bueno, pero todavía puedo aguantar unos meses más". "¿O qué tal dejar el cigarrillo? Debería, lo sé, esa tos continua tendría que ser una alerta importante, pero entonces, si dejo de fumar, ¿qué hago con la ansiedad?, ¡me voy a engordar! y ¡primero muerta que gorda!".

Siempre hay una razón, un pretexto, algo que hay que hacer primero antes que lo importante. La procrastinación es esa "vocecita", el diablito de las caricaturas o dibujos animados que nos dice: "Todavía queda mucho tiempo, podemos ver un capítulo más y después empezamos, cero estrés".

Pero, ¿te has preguntado cuándo vas a hacer las paces con tu hermano o hermana, con quien no hablas desde hace ya varios años luego de esa discusión absurda?, ¿o con tu padre o madre a quienes odias por todo lo malo que te hicieron cuando apenas eras un niño y que, según tú, son la causa de todos tus males? ¿Qué pasaría si este fuera el caso y justo en este momento recibes una llamada en la que te informan que tu hermano acaba de morir en un accidente?, ¿cuándo vas a liberarte de ese rencor que te enferma?, ¿cuándo vas a hacerlo, si aquí no hay botón de pánico?

Si te fijas bien, muchas de estas situaciones son los propósitos clásicos que hacemos cada fin de año y que para mediados de enero ya hemos olvidado. Así actuamos una gran parte de los seres humanos. Y hay una razón biológica que lo explica: los procrastinadores están en la que mal llamamos "zona de confort". La zona de confort no significa estar cómodos como estamos, pues quizás la mayoría no lo esté. La "zona de confort" hace referencia a lo que es habitual y conocido para el cerebro. Nuestro cerebro no desea gastar mucha energía en retos y por eso siempre busca lo que es cotidiano: la zona de confort.

¿Y qué pasa con aquellos que sí quieren cambiar una conducta, crear un hábito, motivarse, tener disciplina, fuerza de voluntad y sacar adelante los proyectos y metas?, ¿es posible? Sí, lo es.

Si hay alguien que quiere un método diferente para ponerlo a prueba, la clave de todo, y lo que me ha servido cuando de actuar se trata, es tener "un deseo profundo del corazón", esto es quererlo, pero con el alma. Cuando de verdad deseas algo, se activan fuerzas que no sabías que tenías dentro y logras cualquier cosa que te propongas; proyectos, tareas, hasta los más grandes sueños. ¡Nada te detiene!

Me encantó escuchar esto de mi entrenadora en "hábitos" (tuve que contratar estos servicios): "Si lo que te propones hacer o cambiar no es un deseo profundo, una necesidad absoluta, es muy poco probable que algo te funcione". Creo que ella nunca había tenido un cliente más difícil, y es que ya hasta tenía vergüenza de argumentarle que todo lo que me proponía, como por ejemplo hacer las cosas de mayor dificultad en las mañanas, fraccionar las tareas, tener una recompensa por haberlas ejecutado, castigarme con algo por no hacerlas, facilitar todo para que fueran más fáciles, tener un *tracker*, etc., no me había servido nunca, que ya me sabía toda esa teoría y que además ya me había leído casi todos los libros que me recomendaba.

"Es que si el hábito o la conducta que querés instaurar no es realmente importante, entonces nunca te vas a comprometer", me insistía ella.

¡Uff!, qué alivio, lo que siempre había pensado: si no hay un deseo profundo en el corazón, una necesidad real, es mucho más difícil cambiar cualquier conducta.

"Un deseo profundo en el corazón" implica que de verdad quiero eso, y más importante aún, que lo necesito. Lo digo porque estoy seguro de que alguno de ustedes estará pensando: "Yo sí deseo adelgazar". Sí, claro, a mí también me gustaría bajar unos cinco "kilitos" de más que me sobran desde hace ya varios años y que no me dejan estar cómodo del todo, pero cuando la pizza, el pan o el vino se ponen delante de mí, *boom*, aparece el diablito y con delicadeza me dice: "Pero no estás tan gordo". Es que si bien a casi todos nos gustaría bajar unos cuantos kilos, no es necesario, no es vital, no somos modelos y no nos van a pagar más en el trabajo si adelgazamos, y si alguno tiene la presión y el azúcar alto, "pues pa' eso me tomo las pastillas". Otro buen ejemplo es la persona que quiere dejar de fumar, pero se le dificulta porque eso implica salir de su zona de confort. Ahora bien, ¿qué pasaría si a esa persona le dijeran que tiene cáncer de pulmón y lo único que puede alargarle la vida es dejar el tabaco? Es muy probable que ahí aparezca un deseo profundo de dejar ese hábito.

¿Ven?, a eso me refiero. Si no es una necesidad, si se puede aplazar porque no es urgente, no es un deseo profundo del corazón.

Cuando de verdad este deseo existe, la fuerza de voluntad y la disciplina que creías no tener, aparecen. Es allí donde la motivación, esa compañera fantasma que llega y se va con facilidad, por alguna razón se queda de forma casi permanente, pero cuando intenta alejarse, no pasa nada. Y no pasa nada porque llega al rescate la disciplina, saber que, aunque estoy cansado o hay un capítulo nuevo de mi serie favorita, ahora el deber es otro. Esto también lo aprendí de mi entrenadora: "Procrastinar lo no importante". Puede sonar tonto, pero funciona. Soy muy buen procrastinador, y cuando quiero algo de verdad, aplico esta estrategia.

Podría asegurar que a todos nos ha pasado: lograr algo que parecía imposible, algo en lo que solo nosotros creíamos, nadie más, ni la esposa, ni los amigos, incluso ni la mamá: "No se meta en eso, mijito, que eso es muy difícil", o "vos no tenés la disciplina", o peor aún, "vos no tenés el talento, la inteligencia o las condiciones para eso".

Me gusta creer en la buena voluntad de las personas y por eso pienso que, en la mayoría de los casos, estos comentarios no son malintencionados y, por el contrario, los hacen aquellos que nos quieren, valoran y no desean vernos sufrir con un fracaso; pero ¿y qué han logrado ellos?, ¿son de verdad grandes referentes para seguir sus amorosos consejos? O, por el contrario, nos quieren mucho, pero también tienen problemas de disciplina y voluntad, o peor aún, ¿tienen más miedo que nosotros? Por eso, siempre es bueno hacer una pausa y mirar bien de quiénes recibimos recomendaciones.

¡Un deseo profundo en el corazón!, esa es la clave.

PROCRASTINACIÓN Y FUERZA DE VOLUNTAD

Pero ¿cómo convertir un deseo profundo del corazón en disciplina? Creo que lo primero que debemos hacer es evaluar y reconocer la verdadera naturaleza de ese deseo: ¿es un deseo vital o es una aspiración superficial? Ser honestos con nosotros mismos es imprescindible para poder avanzar.

Cuando el cerebro reconoce un deseo como vital, se ponen en marcha una serie de mecanismos que nos ayudan a mantener el enfoque y la disciplina necesarios para alcanzar ese objetivo. El sistema de recompensa del cerebro, específicamente una pequeña estructura llamada el núcleo accumbens, libera dopamina, neurotransmisor que nos hace sentir bien, nos motiva a seguir adelante y que anticipa el placer que obtendremos una vez alcancemos el éxito. Al mismo tiempo, la corteza prefrontal, encargada de tomar decisiones y planificar a largo plazo, utiliza esta dopamina para evaluar la importancia del objetivo y mantenernos enfocados, filtrando distracciones y fortaleciendo la autodisciplina. La amígdala es otra estructura cerebral importante en este proceso. Es la que les aporta el tinte emocional a los acontecimientos de la vida e intensifica su respuesta cuando el objetivo es verdaderamente importante, reforzando nuestra determinación y persistencia. Además, otros químicos cerebrales como la norepinefrina, que nos mantiene alertas y enfocados, y la serotonina, que ayuda a controlar los impulsos y a sentir satisfacción, aportan su granito de arena para que la mente se mantenga firme en la persecución de las metas, de ese deseo profundo en el corazón.

Desafortunadamente, la mayoría de las personas desconocen esta capacidad, este superpoder y, peor aún, desconocen sus programas mentales saboteadores del éxito.

Sí, todos cuando éramos niños fuimos programados y no de la mejor manera. Dentro de la mente habitan "programas mentales" que inconscientemente nos limitan y obstaculizan los propósitos y, es ahí donde ni la fuerza de voluntad ni la disciplina parecieran ser suficientes.

Nuestros padres hicieron siempre lo mejor que pudieron con lo que tenían y sabían, no les vamos a tirar toda el agua sucia a ellos, ni más faltaba, pero la verdad sea dicha, "los psiquiatras y los psicólogos tenemos trabajo porque los papás existen". Y que conste que soy papá. Pero ya no somos niños y no podemos seguir lamentándonos de lo que nos pasó de pequeños. Llega un momento en la vida en el que nos debemos hacer responsables de todo y esto incluye lo bueno y lo no tan bueno.

¿CÓMO RECONOCER LOS PROGRAMAS SABOTEADORES Y CÓMO TRANSFORMARLOS PARA FACILITAR EL LOGRO DE LAS METAS?

Todos tenemos programas mentales inconscientes, a menudo conocidos como creencias limitantes, que pueden sabotear los esfuerzos para alcanzar las metas. Estos programas se formaron a lo largo de la vida a través de experiencias, enseñanzas y percepciones que hemos internalizado y que operan desde la mente no consciente, influyendo en las decisiones y acciones.

> **"Hasta que lo inconsciente no se haga consciente,
> el subconsciente seguirá dirigiendo tu vida
> y tú lo llamarás destino".**
> Carl Jung

Esta cita del psiquiatra suizo Carl Jung nos muestra cómo muchos de los contenidos mentales permanecen escondidos, ejerciendo una influencia poderosa en la vida. En realidad, al hacer consciente lo no consciente, tomamos las riendas de lo que vivimos, nos hacemos responsables de todo lo que está en nuestras manos, dejamos el victimismo a un lado y comenzamos a crear activamente el destino, transformando la realidad desde dentro, con plena conciencia y propósito.

Siempre he pensado que es imposible hacer cambios afuera sin primero cambiar adentro, sin embargo, la buena noticia es que podemos reprogramar la mente para que estos programas trabajen a nuestro favor y así potenciar la fuerza de voluntad y la disciplina, incluso en circunstancias difíciles.

IDENTIFICAR LOS PROGRAMAS SABOTEADORES

El primer paso para transformar estos programas o creencias es identificarlos. Una forma efectiva de hacerlo es mediante la autobservación y la reflexión. Las creencias limitantes con frecuencia se manifiestan como pensamientos automáticos negativos o emociones como el miedo, la duda, la culpa o la inseguridad. A través de algunas preguntas, como las que cito

ENTRENA TU CEREBRO PARA SER FELIZ

a continuación, podemos identificar muchos de estos programas de creencias limitantes:

¿Qué historias me cuento sobre por qué no puedo alcanzar mis metas?

¿En qué áreas de mi vida siento que no soy lo suficientemente bueno o merecedor?

¿Qué creencias tengo sobre el éxito y el fracaso?

¿Cómo reacciono ante los elogios o el reconocimiento? ¿Me siento incómodo o incrédulo?

¿Qué frases negativas utilizo con frecuencia para describirme a mí o mi situación?

¿Qué pensamientos surgen cuando me enfrento a un desafío nuevo o desconocido?

¿En qué situaciones me comparo con los demás y cómo me hace sentir eso?

¿Qué creencias tengo sobre el dinero, el poder o la felicidad que podrían estar limitando mi éxito?

¿Cómo reacciono ante la posibilidad de cambiar? ¿Qué pensamientos me frenan?

¿Qué patrones de pensamiento o comportamiento noto que se repiten, en especial en situaciones de estrés o presión?

¿Qué me digo cuando cometo un error? ¿Me castigo o me doy margen para aprender?

¿Cuáles son las frases o pensamientos que me impiden pedir ayuda o apoyo cuando lo necesito?

PROCRASTINACIÓN Y FUERZA DE VOLUNTAD

¿Qué creencias tengo sobre el tiempo y la capacidad para gestionar mi vida?

¿Qué pensamientos o emociones surgen cuando me acerco a cumplir una meta importante? ¿Siento miedo, duda o la necesidad de retroceder?

¿Qué experiencias del pasado continúo arrastrando que pueden estar influyendo en mis creencias actuales?

¿Qué patrones veo en las relaciones con los demás que podrían estar relacionados con creencias limitantes sobre mi valía o capacidad para ser amado?

¿Qué me digo cuando me enfrento a la crítica o al rechazo?

¿Qué creencias tengo sobre mi capacidad para cambiar y mejorar? ¿Me veo capaz de evolucionar o me siento atrapado en mi situación actual?

Lee cada una de estas preguntas y responde. Escribir es importante en este tipo de procesos. Cuanto más honesto seas contigo y más detalladas sean tus respuestas, más fácil te resultará identificar las creencias que han estado afectando tu vida. Una vez que las hayas identificado, es el momento de transformarlas en creencias que te potencien y te impulsen a mejorar.

TRANSFORMACIÓN DE CREENCIAS LIMITANTES

Como ya saben, además de ser psiquiatra, también me he formado en programación neurolingüística (PNL), un enfoque psicológico que explora la conexión entre los procesos neurológicos, el lenguaje y los patrones de comportamiento que hemos aprendido a lo largo del tiempo. Desarrollada por Richard Bandler y John Grinder en la década de 1970, la PNL sostiene que el lenguaje tiene un impacto profundo en cómo nos percibimos a nosotros y al mundo, influyendo en la manera en que nos comunicamos, tanto con los demás como en nuestro diálogo interno. Recordemos que las palabras no son meros transmisores de información. "Cuidado con lo que decís, que las palabras tienen poder", decía mi abuelita, y resulta que doña Bertha tenía razón: las palabras tienen el poder de moldear la experiencia emocional y las conductas. Según la PNL, al cambiar la manera en que utilizamos el lenguaje, podemos alterar los estados emocionales y, en consecuencia, las acciones. Como ven, todo esto se relaciona directamente con las creencias limitantes que, en gran medida, están construidas y reforzadas por el lenguaje que empleamos a diario.

A continuación, les presento un ejercicio basado en los principios de la PNL, el cual está diseñado para ayudar a transformar esas creencias limitantes que nos impiden alcanzar todo nuestro potencial.

CINCO PASOS PARA TRANSFORMAR LAS CREENCIAS LIMITANTES

1. Hacer una lista:

Escribe en un cuaderno o diario las creencias limitantes que identificaste en la etapa anterior.

2. Confrontación a través del cuestionamiento:

Aplícale un cuestionario de autoindagación a cada creencia. Aquí tienes algunas preguntas que puedes hacerte para cada creencia, recuerda que es muy importante escribir de la forma más detallada posible.

¿De dónde proviene esta creencia? ¿Es algo que aprendí de mi entorno o de una experiencia pasada?

¿Esta creencia refleja en realidad quién soy hoy o está basada en una versión pasada de mí?

¿Esta creencia es útil para mi crecimiento y bienestar? ¿Me está ayudando o perjudicando?

¿Qué tan lógico o racional es seguir manteniendo esta creencia?

¿Qué impacto ha tenido esta creencia en mis decisiones y comportamientos hasta ahora?

¿Cómo afectaría mi vida mantener esta creencia en el futuro?

¿Qué me impide dejar ir esta creencia? ¿Qué miedo o inseguridad está relacionado con ella?

¿Cómo influye esta creencia en mis relaciones con los demás? ¿Me está alejando de la gente o creando conflictos innecesarios?

¿Qué sería lo peor que podría pasar si dejo de creer en esto? ¿Y lo mejor?

¿Qué beneficios secundarios obtengo al mantener esta creencia? ¿Estoy ganando algo al sostenerla aunque sea de manera negativa?

¿Esta creencia está basada en hechos o en suposiciones?

PROCRASTINACIÓN Y FUERZA DE VOLUNTAD

¿Qué le diría a un amigo que tuviera esta misma creencia? ¿Le aconsejaría que la mantuviera o que la cuestionara?

¿Cómo encaja esta creencia con mis valores fundamentales y mis metas a largo plazo?

¿Qué otra perspectiva podría adoptar que sea más beneficiosa y realista?

Si cambio esta creencia, ¿cómo se alineará con la persona que quiero ser?

¿Estoy interpretando una situación específica como una prueba de esta creencia cuando en realidad podría significar algo diferente?

¿Qué experiencias o personas en mi vida podrían haber reforzado esta creencia de manera injustificada?

¿Estoy generalizando a partir de una experiencia aislada o de una pequeña cantidad de evidencia?

¿Esta creencia me está protegiendo de algún temor o dolor? Si es así, ¿es necesario o justificado ese temor?

¿Qué nueva creencia podría adoptar que me ayude a avanzar hacia mis metas con más confianza y libertad?

Una vez que hayas completado esta parte del ejercicio, tómate el tiempo necesario para reflexionar en profundidad sobre cada respuesta. Este proceso es clave para desmontar las creencias negativas y poder generar nuevas creencias que te empoderen y te impulsen hacia tus metas con mayor claridad, confianza y determinación. Al hacerlo, te darás cuenta de que muchas de las creencias limitantes no tienen una base sólida y son, en gran medida, producto de miedos o interpretaciones erróneas del pasado.

3. Crea nuevas creencias potenciadoras:

Ahora, para cada creencia limitante, escribe una opuesta que sea positiva y potenciadora. Por ejemplo, si tu creencia limitante es "Nunca logro lo que me propongo", una potenciadora podría ser "Tengo la capacidad y la perseverancia para lograr cualquier meta que me proponga". De nuevo, recuerden la importancia de vencer la resistencia y escribir.

4. Visualización y afirmación:

La reprogramación de la mente requiere práctica y repetición. Cada día, dedica tiempo a visualizarte viviendo desde tus creencias potenciadoras. Cierra los ojos e imagina con todo detalle cómo sería tu vida si creyeras en estas nuevas afirmaciones.

Acompaña la visualización con la repetición constante de tus nuevas creencias potenciadoras en forma de afirmaciones. Por ejemplo: "Soy capaz, merecedor y estoy enfocado en alcanzar mis metas". Repite estas afirmaciones al despertarte, antes de dormir y durante el día.

Meditación de afirmaciones positivas para iniciar el día:

5. Acción constante y modelado:

El quinto paso en el ejercicio de reprogramación de creencias es el modelado, una técnica poderosa de la PNL que ha sido determinante en mi desarrollo personal y profesional. El modelado consiste en observar e identificar patrones de comportamiento, pensamientos y estrategias de personas que han alcanzado el éxito en un área específica y luego ajustarlos para que se adapten a tu personalidad y estilo.

Para iniciar este proceso, es fundamental actuar de acuerdo con tus nuevas creencias. Es importante comenzar con pequeños pasos que te acerquen, pero que a la vez refuercen las mismas en tu vida diaria. Por ejemplo, si has adoptado la afirmación: "Tengo la capacidad de alcanzar mis metas", empieza a establecer y cumplir pequeños objetivos que te permitan experimentar esa capacidad.

En mi caso, cuando decidí vencer mi miedo a hablar en público, el modelado fue una herramienta clave para superar ese desafío. Observé y estudié a oradores que admiraba,

PROCRASTINACIÓN Y FUERZA DE VOLUNTAD

analizando cómo estructuraban sus discursos, el lenguaje corporal, el ritmo, el tono al hablar, el sentido del humor y, sobre todo, cómo manejaban el temor. Luego comencé a utilizar esos "moldes", replicando estos patrones de conducta en mis propias presentaciones y adaptándolos a mi estilo personal según el público y el contexto. Estos pequeños pasos, alineados con mi nueva creencia de que podía superar el miedo y hablar con confianza, me llevaron, de forma gradual, a convertirme en un buen orador, una actividad que ahora ocupa gran parte de mi vida profesional y que disfruto tanto como la atención a mis pacientes.

Quiero aclarar, antes de continuar, que la técnica del modelado no consiste en imitar a nadie, sino en observar las cualidades y habilidades de otros y, si nos son útiles, adaptarlas a nuestro estilo. No se trata de hacer una copia de otra persona, sino de integrar lo que funciona para potenciar nuestras habilidades y alcanzar las metas de manera auténtica y eficaz.

Es muy importante entender también que reprogramar la mente es un proceso y que no es algo que suceda de inmediato, en un abrir y cerrar de ojos; sin embargo, tampoco quiere decir que necesitemos años enteros en terapia psicológica, leer cada libro de autoayuda que se publique o pasar la vida en talleres de crecimiento personal sin que podamos encontrar las tan anheladas respuestas que nos "cambiarán la vida". Tomar la decisión es clave y, con la orientación adecuada, el cambio es posible.

Ser constantes y aprovechar cada oportunidad para desafiar nuestros miedos con estas estrategias es fundamental en este proceso, pero recuerda que un deseo profundo en el corazón es esencial para no rendirse. A lo largo de estas páginas, descubrirás muchas herramientas que te guiarán.

Decía el filósofo Aristóteles: "Considero más valiente al que conquista sus deseos que al que conquista a sus enemigos, ya que la victoria más dura es la victoria sobre uno mismo". Él entendía la felicidad como el propósito y el fin de todos, de la existencia humana. Pero ¿por qué es tan esquiva la felicidad si en el fondo, detrás de todo lo que hacemos, siempre estamos buscándola?, ¿alguien sabe cómo encontrarla?

Para mí hay una sola fórmula (puede haber más), pero es la que me permitió entender ese jueguito de "te busco y no te encuentro o si te encuentro no duras mucho": entrenar la mente. Tal como lo están leyendo, entrenar la mente, que en este caso no es otra cosa que entrenar la atención, estar conscientes de los pensamientos, desechar los que no necesitamos o queremos y anclarnos en el presente con propósito, habiendo sanado el pasado y con la mirada puesta siempre en un futuro halagador.

Espero no haber desanimado a ninguno de ustedes con mi súbito ataque de sinceridad. Soy procrastinador y lo reconozco, pero es que hace rato aprendí a no sufrir tanto por la opinión de los demás, a que no me importe tanto el qué dirán. Y digo "tanto" porque dentro de mí, mi ego también cumple una función protectora. El ego no es el enemigo, como lo han tildado, sino un gran compañero de viaje si se lo mantiene en el lugar que debe estar, de copiloto, ayudando, pero no dirigiéndonos la vida.

Aceptarme como procrastinador nunca ha sido una limitante para lograr lo que me he propuesto, nunca lo he sentido como un muro o una barrera infranqueable. Más bien es una frontera que, cuando lo necesito y quiero, atravieso porque sé que dentro de mí habitan los recursos para hacerle frente a cualquier reto que la vida me plantee y estoy seguro de que dentro de ustedes también están.

En cada uno de nosotros existen tesoros maravillosos e inagotables para hacer frente a los desafíos de la vida, solo hay que saber dónde buscarlos y no hay otro lugar que en nuestro interior.

ENTRENAR LA ATENCIÓN

Numerosos estudios han confirmado hasta la saciedad lo que las tradiciones ancestrales sabían desde siglos atrás: meditar nos libera del sufrimiento, nos permite reconocerlo y gestionarlo. Calma el cerebro, nos hace más atentos y nos ayuda a regular de una forma más eficiente las emociones y por ende nuestros sentimientos.

La felicidad, así como el sufrimiento, no dependen de las circunstancias externas, sino de la propia mente. En este orden de ideas, una mente atenta es una mente feliz.

Como cité antes, la mente no descansa, pues estamos hechos, desde el punto de vista biológico, para generar pensamientos de una manera permanente y espontánea, o sea, no los creamos de forma consciente. Por eso es tan difícil prestar atención.

Un modo muy fácil de percatarnos de esto es sentarnos con los ojos cerrados y tratar de no pensar en nada, no dejar que llegue ningún pensamiento a la mente y, además, no distraernos con ningún estímulo externo. Si lo han intentado, sabrán que es una tarea imposible. De inmediato llega a nosotros un flujo incesante de pensamientos que no se detiene. Cualquier mínimo estímulo nos saca del ejercicio y nos engancha en uno de ellos.

Santa Teresa de Jesús, también conocida como Santa Teresa de Ávila, religiosa española, se refería a este parloteo interno como "la loca de la casa", un concepto muy ilustrativo, pero a la vez un tanto peyorativo. A lo que Santa Teresa se refería era a la imaginación, pero no a esa maravillosa herramienta, la imaginación creativa, sino a ese discurso interno e interminable, a los pensamientos.

Cuando invito a algún paciente a que adquiera el hábito de la meditación, luego de narrarle uno a uno todos los beneficios que esta práctica podría aportarle a su vida, con frecuencia y de forma súbita, me interrumpe: "Doctor, créame, yo no sirvo para eso. Le juro que lo he intentado, pero no puedo, mi mente no para".

Es ahí cuando me toca explicarle el concepto de "la mente de mono", una metáfora utilizada por los budistas para referirse a ese manantial inagotable de ideas dentro de la cabeza.

Los budistas comparan la mente con un mono, muy ágil e inquieto, que no se detiene nunca y que salta de rama en rama entre los árboles. Por supuesto, las ramas aquí son los pensamientos. Curiosamente, este mono prefiere dos tipos de árboles de manera casi exclusiva, dos árboles grandes, frondosos y llenos de ramas: el árbol del pasado (triste y doloroso) y el del futuro (tenebroso y caótico). Cuando una rama llama la atención del mono, este salta hasta llegar a ella, pero a los pocos segundos ya está saltando a otra y luego a otra y así pasa el día, saltando y saltando sin descansar.

Cuando somos novatos en la práctica de la meditación, tratamos de seguir a este pequeño pero astuto animalito, intentando capturarlo y hacer que se quede quieto sin ninguna estrategia, pero claro, entre las ramas de un árbol, nos lleva una ventaja enorme, haciendo que todos nuestros esfuerzos sean en vano. Y es ahí donde desfallecemos y abandonamos los intentos por meditar.

Si nunca han meditado, les va a pasar. Y si ya son expertos meditando, también. Hasta los monjes más curtidos en estas prácticas son víctimas de la mente de mono.

Hoy en día, la capacidad de fijar voluntariamente la atención se ha perdido casi por completo y son pocas las personas que pueden enfocarse de forma continua en una tarea por unos cuantos minutos y, en parte, esto es debido al estilo de vida y a la cantidad de estímulos tanto externos como internos a los que nos vemos sometidos a diario. El problema es, como ustedes ya saben, que ese vagabundeo mental se ha asociado a la infelicidad y a un mayor riesgo de enfermedades. Es por eso que recuperar la atención es una tarea que no da espera y en la cual deberíamos trabajar todos los días.

Ahora, volvamos a la metáfora de la mente de mono. Si ustedes estuvieran en frente de ese pequeño primate y tuvieran que capturarlo, ¿lo seguirían de rama en rama o se idearían otra estrategia? Seguro nadie en sus cabales intentaría capturar a un mono siguiéndolo entre los árboles, sería desatinado y absurdo. Por fortuna, para hacer frente a los retos que la vida nos presenta, se nos dotó con una estructura cerebral maravillosa: la corteza prefrontal. Esta nos brinda la capacidad de planear y estructurar, desde la razón, una o varias estrategias para resolver cualquier vicisitud. Entonces, si tengo que atrapar a un mono, ¿qué trampa utilizaría? ¿Cuál sería el mejor cebo para captar su atención?

¡Por supuesto! Un banano. Ningún mono podría resistirse a la tentación de semejante manjar.

"A ver, doctor, es que creo que me perdí. ¿Me está diciendo usted que para sentarme a meditar debo llevarle un banano a un mono?".

No, claro que no, pero en realidad ese banano (una metáfora) es el instrumento que va a ayudarnos a que la mente detenga ese flujo continuo de pensamientos, lo que no quiere decir, como equivocadamente se piensa, "poner la mente en blanco". Es, más bien, "poner la atención en algo", y ese algo, tal vez lo más sencillo de todo, es la respiración. Al meditar, no tratamos de poner la mente en blanco, ya que eso es imposible, sino llevar la atención hacia algo. Una cosa que suceda aquí y ahora, ¿y qué mejor "cebo" para captar la atención de la mente que la respiración?

LA RESPIRACIÓN CONTROLA LA MENTE

Con el nombre de *pranayama*, término en sánscrito que significa "control de la respiración", se hace referencia a una serie de técnicas y ejercicios ancestrales que nos permiten hacernos conscientes de la respiración y de esta manera, calmar la mente. Se dice que "la mente puede controlar el cuerpo, pero la respiración controla la mente".

Cuando llevo mi atención a todas las sensaciones que tengo en mi cuerpo al respirar, como por ejemplo la temperatura del aire al entrar y salir por mis vías aéreas o la expansión y contracción de mi tórax con cada inhalación y exhalación, le estoy dando un banano al mono y así logro que se quede quieto. Desde el punto de vista neurológico, esto significa que estoy activando la red de la atención y del foco, o sea, la red ejecutiva central que, como vimos, es la que hace que la red del "despiste", o red neurológica por defecto, disminuya su actividad.

Meditar entonces es una de las estrategias que les propongo para entrenar la mente, la atención.

LA DIETA MENTAL

Cuando escuchamos la palabra dieta, de inmediato la asociamos con un modo no muy agradable de alimentarnos. Pensamos en la restricción de alimentos deliciosos, pero de alto contenido calórico que, si bien pueden generarnos mucho placer, también podrían favorecer el aumento de peso. La palabra dieta procede del latín *"diaeta"*, que significa "régimen de vida", es decir, dieta es lo que uno hace a diario y en nutrición hace referencia a lo que comemos cada día. Técnicamente, la dieta es una forma específica de alimentarnos con consciencia, eso quiere decir, teniendo un objetivo en mente, por eso no solo existen dietas para bajar de peso. Por ejemplo, hay personas que controlan la ingesta de carbohidratos porque tienen problemas relacionados con la insulina o han sido diagnosticadas como diabéticas, otros controlan la cantidad de sodio y sal porque son hipertensos y otros comen grandes cantidades de carbohidratos y/o proteínas porque desean ganar peso y masa muscular.

Así como deberíamos estar atentos a lo que ingerimos para cuidar el cuerpo (y digo deberíamos porque la mayoría de las personas no son conscientes de cómo se alimentan, sino que solo lo hacen de manera automática y sin preocuparse por las repercusiones que dichos alimentos pudieran tener en su salud), también deberíamos estar atentos al tipo de productos con los que estamos alimentando la mente. Esos productos no son otra cosa que los pensamientos, y así como en nutrición encontramos buenos y malos alimentos, por la mente rondan a diario miles de pensamientos buenos y no tan buenos. Estar atentos a estos pensamientos y escoger cuáles recibir y cuáles descartar es lo que llamamos dieta mental.

Con ella, establecemos una especie de filtro consciente que nos permite seleccionar la información y los pensamientos que deseamos que ingresen a nosotros. Es una de mis herramientas favoritas. Es una poderosísima estrategia que nos permite entrenar la mente; acto que, a propósito, consiste sobre todo en entrenar la atención.

La mente nunca para, siempre está en un continuo accionar, generando pensamientos. Nos pasamos más del 80 % del tiempo recordando e imaginando, pero también hablando por medio de un discurso interno que, aproximadamente un 70 % de las veces, nos tiene a cada uno de nosotros como protagonistas. Es un diálogo autorreferencial. Se dice que tenemos entre 60.000 y 80.000[6] pensamientos a diario y que, de estos, el 90 % tienden a ser de características negativas. Lo peor es que se repiten y son, por lo general, los mismos pensamientos del día anterior.

Estas cifras son solo una aproximación informal, una especie de mito urbano más que una verdad validada por la ciencia; pero lo importante de todo esto es resaltar que la mente humana está, día tras día, en permanente actividad.

Unas líneas atrás, también les di otro dato alarmante: el 90 % de los pensamientos son negativos. Pues si bien este porcentaje tampoco es una realidad científica, por lo menos sí tenemos más sustento para este valor.

....

6   No hay un estudio que corrobore con exactitud esta cifra. Medir con precisión la cantidad de pensamientos diarios es muy difícil, ya que los pensamientos son procesos mentales muy elaborados, además, varían en su naturaleza, tiempo e intensidad. Es como intentar definir el momento exacto en que una ola del mar se diluye y la siguiente comienza; los pensamientos fluyen y se entrelazan, haciendo difícil trazar una línea clara entre el final de uno y el inicio de otro. Por otro lado, la definición de "pensamiento" no está del todo delimitada, lo que hace aún más complejo estimar un número certero. Es posible que este número haya aparecido como una estimación aproximada y que luego se repitiera en diferentes medios, contextos, seminarios o libros de autoayuda sin que se validara nunca su origen. Sin embargo, en el artículo "Brain meta-state transitions demarcate thoughts across task contexts exposing the mental noise of trait neuroticism" ("Las transiciones entre metaestados cerebrales delimitan los pensamientos en diferentes contextos de tareas, revelando el ruido mental asociado con el rasgo de neuroticismo") los investigadores estimaron el número de pensamientos diarios de una persona utilizando un enfoque basado en las transiciones entre diferentes estados cerebrales, lo que ellos denominan "metaestados cerebrales", que indican el cambio de un pensamiento a otro. Según sus cálculos, sugieren que tenemos alrededor de 6.000 pensamientos al día, cifra que dista mucho de los famosos 60.000 de Google. Si bien el estudio es bastante interesante, no se puede afirmar que sea concluyente; y como con frecuencia se suele decir en los estudios científicos, se necesitan más investigaciones para validar los métodos y confirmar que los hallazgos sean representativos de una población más amplia.

Los pensamientos tienden a ser negativos y esto se debe a factores tanto evolutivos como psicológicos. Pensar de forma negativa, o tener un sesgo negativo, fue clave para la supervivencia ancestral. Al centrarnos en lo que considerábamos un peligro potencial, los cerebros permanecían alertas y preparados ante cualquier amenaza. Este mecanismo, que nos ayudó a llegar hasta aquí, sigue presente en nuestras mentes hoy en día, es solo un instinto de supervivencia.

Otro elemento clave a considerar es la autocrítica, ese verdugo interno que nos habla al oído y, para muchos, se convierte en su principal enemigo. Puede tener diversos orígenes, como traumas de la infancia, expectativas poco realistas, perfeccionismo, la competitividad social y el temor al qué dirán. Estos factores son algunas de las causas más comunes que pueden estar asociadas a la lluvia constante de pensamientos negativos.

Por último, los eventos adversos tienden a dejar una huella más profunda en la memoria, manteniéndolos en el "radar" de la mente para evitar que se repitan. Sin embargo, este mecanismo también refuerza la inclinación natural del cerebro hacia lo negativo.

Así funciona la mente y ese accionar tiene una base neuroanatómica que lo sustenta: la red neurológica por defecto (RND), que antes he mencionado varias veces y popularmente se conoce como "la red del despiste".

Esta es una red anatómica y funcional, con ella nacemos y va madurando gradualmente a medida que crecemos. Está compuesta por diferentes estructuras cerebrales, como la corteza prefrontal medial (MPFC), la corteza cingulada anterior, el cíngulo posterior, la corteza parietal lateral y el lóbulo temporal lateral.

Es muy activa y demandante de energía. Funciona cuando el cerebro está divagando, cuando los pensamientos no están dirigidos a una meta concreta, pero recordemos que disminuye su funcionamiento cuando activamos lo que podríamos llamar su antagonista, la red ejecutiva central (REC), red neurológica que se enciende cuando enfocamos la atención de forma intencional en una tarea puntual.

Se ha descrito que el "vagabundeo" mental del cual la red neurológica por defecto es responsable, nos hace ser personas menos felices, lo cual tiene mucha lógica ya que, como vimos, siempre está ocupada en pensamientos del pasado; el grito de mi jefe la semana pasada en frente de mis compañeros, la infidelidad de mi pareja hace diez años, pensamientos referidos a nosotros, autorrecriminatorios en su mayoría, o del futuro, pero no en el que nos gustaría vivir, sino en uno tenebroso, lleno de caos y tragedias.

Esta red es como un río subterráneo de pensamientos en el cual caemos sin darnos cuenta, no lo vemos, pero siempre está ahí. Una vez que nos zambullimos en él y nos empapamos en sus aguas, proyectamos automáticamente imágenes en la pantalla mental interna, como si estuviéramos en una sala viendo una película. Claro, si la película es de terror, nos asustamos y como nos adentramos en sus imágenes, somos incapaces de diferenciar qué es real y qué es pensamiento. Luego, dependiendo del contenido de la película, liberaremos mayor o menor cantidad de hormonas de estrés, necesarias para poder responder a esos agresores, para luchar o huir, todo con tal de estar a salvo.

Es evidente entonces, por qué permanecer en esta red sin ningún tipo de salvavidas no solo puede hacernos menos felices, sino también más proclives a enfermar tanto física como mentalmente, ya que la hiperactividad crónica de estas hormonas de estrés favorece procesos inflamatorios en diferentes sistemas del organismo, incluyendo el inmunológico.

Como mencioné antes, cuando estamos dentro de esta "película de terror", no somos capaces de diferenciar lo real de lo imaginario, pero esto no es del todo cierto. Lo que en realidad pasa es que no estamos atentos a lo que pensamos. La verdad es que con algo de entrenamiento sí podríamos hacernos conscientes de los pensamientos que cruzan por la mente y escoger las películas que queremos ver y no las que nos tocan. No digo que sea una tarea fácil, pero sí es posible. A este proceso se le conoce con el nombre de metacognición.

Se define la metacognición como el acto de "pensar en lo que estamos pensando", o mejor dicho, ser conscientes de los pensamientos, aquí y ahora.

Cuando somos conscientes de lo que estamos pensando, disminuye la actividad de la red neurológica por defecto (RND), ya que activamos la red ejecutiva central (REC) y esto, como vimos, tiene grandes beneficios para la salud en general: nos hace más felices y disminuye el riesgo de enfermedades como la demencia tipo Alzheimer, por ejemplo.

Recuerden que cuando les pregunto a mis pacientes si han intentado meditar, es frecuente que me respondan: "Sí, doctor, no muchas veces, por ahí una o dos, pero yo no sirvo para eso, mi mente nunca para, siempre estoy pensando".

¿Les suena familiar? Esta es la razón por la cual a la mayoría de las personas le cuesta tanto adquirir el hábito de la meditación. Primero, porque es un hábito y no se adquiere intentándolo una o dos veces y segundo, porque erróneamente se cree que el acto de meditar significa poner la mente en blanco, algo que, como hemos visto, es neuroanatómicamente imposible. Lo que sí es posible es llevar la atención a un punto fijo, a donde nosotros la queramos llevar. Esto es entrenar la mente y para mí es la clave de la felicidad.

Posteriormente dedicaré unas páginas a la meditación, otra importantísima herramienta en mi quehacer como psiquiatra, pero por el momento explicaré cómo entrenar la atención a través de este proceso psicológico, la dieta mental.

Primero debo aclarar que este ejercicio lo aprendí de un pequeño libro, *La dieta mental de los 7 días: cómo cambiar tu vida en una semana*, de Emmet Fox, considerado uno de los más populares e influyentes líderes de espiritualidad en el siglo XX. Según Fox, "un hombre se convierte en lo que piensa".

Es una especie de reto con uno mismo. Consiste en comprometerse a mantener durante siete días la mente libre de "pensamientos negativos", sin albergar ninguno de ellos y debe hacerse de forma continua, sin interrupción alguna, durante este período de tiempo. En el transcurso de esa semana, solo podemos tener pensamientos positivos, constructivos, optimistas y amables. Parece sencillo, pero es una tarea de verdad ardua y extenuante que es difícil de llevar a cabo. Se puede iniciar cualquier día de la semana y a cualquier hora del día, pero una que vez iniciemos, no debemos abandonarla, hay que mantenerla mínimo por siete días.

Fox recomendaba que, al detectar un "desliz" en la realización de la dieta mental, lo mejor era detenerse por completo, reflexionar sobre el objetivo y, una vez recuperada la motivación, reiniciar la práctica. Mi enfoque difiere un poco de esta postura. Considero que es muy difícil mantenerse completamente libre de pensamientos intrusivos o negativos en la vida diaria. En la actualidad, resulta poco realista esperar que alguien logre mantenerse invicto durante una semana entera, aunque con seguridad algunos lo conseguirán. Sin embargo, para la mayoría de las personas, recomiendo que, al notar la aparición de uno de estos pensamientos no deseados, en lugar de detenerse por completo, simplemente se reinicie el reto sin prestarle mayor atención. De esta forma, se comienza de nuevo el período de siete días sin necesidad de esperar a motivarse de nuevo, asumiendo el error como parte del proceso y avanzando de inmediato.

Cabe aclarar que por "pensamientos negativos" Fox hacía referencia a cualquiera que hiciera alusión a fracasos, decepciones o problemas, a cualquier tipo de crítica, propia o ajena, a pensamientos de rencor, odio o celos; los relacionados con enfermedades o accidentes y, en general, a cualquier tipo de pensamiento pesimista.

Ahora, algo muy importante para tener en cuenta en este ejercicio es que lo que se pide es que no alberguemos estos pensamientos o, como les explico a mis pacientes, que no se "enganchen" con ellos. Como vimos, la mente está generando miles y miles de pensamientos todo el día, en su mayoría negativos. Lo importante no es que esos pensamientos aparezcan de la mente misma, porque van a aparecer sí o sí. Algunos van a surgir de la mente, otros llegarán por medio de conversaciones o diálogos con gente o incluso por medio de noticias; nada de eso importa mientras no hospedemos a ninguno de ellos. Si se presenta, debemos bloquearlo de inmediato, sacarlo de la mente pensando en algo diferente. En el libro, Fox nos invita a practicar otro ejercicio denominado "la llave de oro", que consiste en pensar en Dios y no en crear una imagen de él, lo cual, según el autor, sería bastante difícil o tal vez imposible. Solo nos anima a repetir todo lo que creamos, sepamos o sintamos de Dios, como: Dios es sabiduría, Dios es amor infinito, Dios es verdad absoluta, etc.

En este punto, yo utilizo mi propio sistema: desvío la atención del pensamiento repitiendo estas tres palabras: "suelto y confío", eso es todo. Para mí funciona a la perfección. Primero porque la mente no puede prestarles atención a dos pensamientos a la vez y, al enfocarse en estas tres palabras, se está llevando la atención del pensamiento negativo hacia ellas y segundo, porque estas palabras me recuerdan la conexión que tengo con Dios, lo que me da certeza y tranquilidad de que todo está bien.

Solo di estas tres palabras:

Para ilustrar cómo funciona la dieta mental, Emmet Fox utiliza la siguiente analogía: "Si a un hombre que está sentado junto a una fogata le cae una chispa en la manga y la sacude de inmediato, no pasará nada, pero si permite que se quede allí tan solo un momento bajo cualquier pretexto, el daño habrá sido hecho y será una tarea problemática reparar esa manga".

Por último, para ayudar a mis pacientes a que esta tarea sea más viable y, por ende, efectiva, hago de este proceso un juego, un reto contra uno mismo. El juego es muy simple: consiste en ponerme en la muñeca de mi mano dominante una pulsera o manilla de cualquier material o tipo, pero con dos condiciones: la primera, que sea fácil de quitar y poner y la segunda, que sea diferente a cualquiera que utilice en mi día a día, ya que el objetivo es que al tenerla puesta me recuerde que estoy desarrollando una actividad especial, mi propio reto. Para este fin, una banda elástica de color es más que suficiente.

Bien, una vez la pulsera esté en mi mano dominante, el objetivo es que esta permanezca allí durante siete días, de forma continua y sin ninguna interrupción, lo que significa que durante ese tiempo no albergaré en mi mente ningún pensamiento negativo. Si en algún momento del día llega uno de estos, que con toda seguridad llegará, de inmediato lo bloqueo con otro pensamiento o actividad, por ejemplo: repetir las palabras "suelto y confío", realizar un circuito de *tapping*, ejecutar la llave de oro, etc., pero no me permito engancharme en él. Si logro esto, la pulsera permanecerá en mi mano dominante. Si, por el contrario, me detecto "haciendo visita y tomando cafecito en la sala de mi mente" con un pensamiento negativo, entonces "perdí", dejé que ese pensamiento pasara mi filtro y me "enganché". En ese momento mi pulsera debe ir a mi mano no dominante y tengo que iniciar un nuevo reto de siete días. Esta dinámica se debe mantener hasta que por fin sea capaz de hacer los siete días seguidos.

Para efectos del juego, utilizo la palabra "perdí", pero nada más lejano de eso; todo lo contrario, el darme cuenta de que estaba enganchado en un pensamiento negativo y cambiar la pulsera de mano me saca de inmediato de este. Recuerden que la mente no puede estar en dos actividades al mismo tiempo, no es posible, ese cuento del *multitasking* no es cierto.

No se preocupen, el primer día se sentirán muy frustrados, tendrán que cambiarse la pulsera tantas veces en tan poco tiempo que no darán crédito a lo que está pasando. Dije "primer día", bueno, la verdad es que quería ser amable y alentarlos a no rendirse, pero quizás en la primera hora del reto hayan cambiado tantas veces la pulsera de mano que no lo van a creer. Para mí, este es un increíble ejercicio de atención y consciencia. No se rindan, háganlo hasta que se conviertan en expertos. Recuerden que una mente que divaga es una mente infeliz y, por el contrario, tener una mente entrenada, una mente atenta, es la clave de la felicidad.

Ahora voy a hacerles un pequeño regalo: una mochila (imaginaria, claro está). Escojan la que quieran, en el color y material que más les guste, estampada o lisa, no importa. En esta mochila irán acumulando, una a una, las herramientas que utilizo y comparto con mis pacientes y considero que son fundamentales para ser felices.

Como ven, la dieta mental es un ejercicio muy útil y efectivo para controlar el vagabundeo mental, para estar atento a los pensamientos. Por eso es la primera herramienta que vamos a guardar en esa mochila imaginaria.

TÉCNICAS DE MEDITACIÓN

"La facultad de volver a enfocar una
y otra vez la atención que se dispersa es la raíz
de la razón, el carácter y la voluntad".
William James

Las técnicas meditativas tienen su origen hace más de 2.500 años. Se dice que Siddharta Gautama, Buda, fue quien inició esta tradición, pero a su vez, se afirma que él recibió entrenamiento de otros maestros espirituales, así que es posible que estas prácticas existieran desde mucho tiempo atrás.

Distintas formas de meditación han sido transmitidas por diferentes religiones y tradiciones espirituales alrededor del mundo. Si se entiende que meditar es un método por medio del cual una persona puede observar y al mismo tiempo hacerse consciente de lo que está sucediendo en su cuerpo y en su mente en el momento presente, aceptando todo lo que pasa sin juicios y sin expectativas, podemos darnos cuenta de que la meditación nunca estuvo orientada a mejorar la salud o a controlar el estrés (cualidades que la han hecho tan popular hoy en día). Al inicio, su propósito estaba enfocado en la espiritualidad, en el autoconocimiento. De hecho, en la tradición tibetana, meditación significa "familiarizarse con", y propone que por medio del entrenamiento mental que proporciona esta práctica, es posible liberarnos del sufrimiento. Por tal motivo, si meditar puede ayudar a que las personas no sufran, su práctica debe estar disponible para todos, no solo para quienes desean emprender una búsqueda espiritual.

LA MEDITACIÓN TRASCENDENTAL

Aprendí a meditar hace unos cuantos años, 13, para ser preciso. Lo recuerdo porque me inicié en esta práctica a través de la meditación trascendental, que está basada en la repetición de un mantra. El mantra es una palabra en sánscrito que puede o no tener significado, pero que en esta disciplina sirve, junto con la respiración, como otra forma de anclaje para dirigir la atención (otro banano más para el mono).

Mi instructora me dio mi mantra de acuerdo con la edad que tenía y por eso recuerdo en qué momento inicié. Tenía 38 años. La meditación trascendental se hizo muy popular en los años 70 gracias a dos circunstancias. La primera, el mensaje directo y sencillo de su creador y promotor, Majarishi Majesh Yogi: "La meditación trascendental es un procedimiento simple y sin esfuerzo para experimentar la energía, inteligencia y felicidad que cada hombre lleva dentro. Cualquiera puede aprender la técnica con facilidad a cualquier edad, independientemente de su cultura, religión o nivel educativo". La segunda fue una investigación del fisiólogo Robert

Keith Wallace en la Universidad de California, Los Ángeles. Los resultados de su tesis "Los efectos fisiológicos de la meditación trascendental: propuesta de un cuarto y principal estado de consciencia", fueron publicados en 1968 en las revistas *Science* y *Scientific American*.

Esto dio origen a un gran número de estudios sobre sus efectos, lo que ayudó a que obtuviera reconocimiento en todo el mundo, tanto que se dice que en la actualidad hay más de seis millones de personas en todo el mundo (más de un millón solo en los Estados Unidos incluyendo unos 6.000 médicos) que practican la meditación trascendental.

La técnica es muy simple y no difiere, dentro de lo básico, de otras formas de meditar. En principio, se propone practicarla dos veces al día, 20 minutos en la mañana y 20 minutos en la tarde; pero estudios modernos en neurociencia, como los que refiere la doctora Elizabeth Blackburn, ganadora del Premio Nobel de Medicina en 2009 por su descubrimiento sobre los telómeros y la telomerasa, han demostrado que 12 minutos de meditación diaria pueden ser beneficiosos para la salud de personas con estrés. Blackburn y sus colegas identificaron que la longitud de los telómeros influye en la capacidad de las células para dividirse y mantenerse sanas, un factor crucial en el envejecimiento celular. Investigaciones posteriores sugieren que la meditación, al reducir el estrés, puede ayudar a preservar los telómeros, lo que ralentiza el envejecimiento celular. Aunque hay posiciones encontradas sobre el tiempo óptimo de meditación, hoy se reconoce que sus beneficios en el cerebro se alcanzan con una práctica consistente que supere los 20 minutos diarios. Esto sugiere una conexión entre el bienestar mental y emocional que brinda la meditación y una mejor salud celular.

Volviendo a la técnica, en esta meditación se repite un mantra que es dado por un instructor luego de asistir a un curso de entrenamiento. Como les mencioné, el mantra se otorga según la edad y, una vez obtenido, es el mismo para toda tu vida. Antes, el mantra era algo secreto, lo entregaban el último día del entrenamiento de forma personal y no se debía compartir con nadie. Hoy en día, la práctica de la meditación trascendental es tan común que uno puede encontrar su propio mantra en internet.

La meditación trascendental goza de múltiples estudios que afirman que su práctica juiciosa ayuda a reducir el estrés, aumentar la creatividad y mejorar la memoria, entre otros beneficios. No obstante, muchos de los estudios que hablan de estas bondades fueron hechos por la Universidad Maharishi de Administración (antes Universidad Internacional Maharishi), cuyo fundador es Majarishi Majesh Yogi, lo que puede preocupar a muchos por conflicto de intereses. Sin embargo, en la actualidad existen cientos de artículos indexados en revistas de divulgación científica que hablan de los beneficios de la meditación trascendental, sobre todo para el manejo del estrés, la ansiedad y el trastorno de estrés postraumático.

Yo trato de practicar la meditación trascendental durante 20 minutos al día, de verdad lo disfruto, me genera un estado de paz mental. Es muy fácil de realizar, además el uso del mantra me ayuda a enfocar más mi atención.

No pretendo con estas líneas convertirlos en expertos en esta práctica. Se requiere entrenamiento directo con una persona calificada para tal fin. No se puede aprender a meditar leyendo unas cuantas instrucciones en un libro, u observando un video. Sería el equivalente a aprender a nadar haciendo un curso en internet sin zambullirse en el agua. Recomiendo esta disciplina como una forma de entrenar la mente, la atención y, por consiguiente, regular de una forma adecuada las emociones.

Ahora se habla tanto de los beneficios de la meditación que casi podríamos afirmar que encontramos "la panacea", aquel mítico remedio buscado por los alquimistas que pretendía aliviar todo tipo de dolencias e incluso procurarnos una vida eterna. Como diría mi abuelita: "Meditar es casi como tener la mano de Dios en un frasquito", ¡sirve para todo! Pero la realidad dista mucho de esta aspiración.

No todos los audios y videos que encontramos en internet con el nombre "meditación" tienen estudios que avalen los beneficios rescatados por la ciencia. ¿Alguien sabe dónde están publicados los beneficios de la meditación para disfrutar las vacaciones o los de la meditación para después de comer?

Es indudable que la meditación nos puede ayudar a tener una mejor salud física y mental, la neurociencia lo ratifica. Meditar reeduca la tensión, reduce el estrés, mejora la función del sistema inmunológico, etc., pero tanto los beneficios para el cerebro como para el cuerpo en general están relacionados con el tiempo destinado a la práctica. En otras palabras, la meditación es dosis-dependiente: a mayor tiempo de práctica, mayores son los beneficios y, además, más duraderos.

ENTRENAR LA ATENCIÓN

Hoy sabemos que, con unas cuantas horas o días, el cerebro de un meditador principiante muestra ya una menor reactividad de la amígdala al estrés. La amígdala es una pequeña estructura ubicada en los lóbulos temporales del cerebro y que hace parte del sistema límbico o emocional. Luego de diez horas de práctica en un periodo de dos semanas, se logra observar una mejoría cuantificable en la atención, menos "vagabundeo mental" y también beneficios en la memoria.

En los meditadores con al menos 1.000 horas de práctica, se documenta por medio de marcadores cerebrales y hormonales como el cortisol, una menor reactividad al estrés y menos inflamación, además de mayor facilidad para sostener la atención. Pero si bien muchos de los beneficios de la meditación se pueden obtener con tan solo unas pocas horas o días de práctica, estos necesitan ser mantenidos en el tiempo por medio del entrenamiento juicioso y continuo, de lo contrario, desaparecerán tan rápido como llegaron. Un meditador experto es aquel que, en promedio, ha acumulado entre 9.000 y 10.000 horas de práctica.

Entonces, cuando nos dicen que la meditación enlentece el proceso fisiológico del envejecimiento, tendríamos que preguntarnos: ¿con cuántas horas de práctica se comienza a generar este fenómeno? Casi todos nosotros, de una u otra forma, hemos tenido la oportunidad de ver a un monje budista, ya sea en internet o en algún documental de la televisión, incluso en persona. Ellos van por la vida con sus túnicas naranja y vinotinto. Son expertos en meditación, llevan su vida entera meditando como parte de sus costumbres saludables, entre las cuales están también el ejercicio físico y una adecuada alimentación libre de excesos.

Incluso aparentan menos edad de la que realmente tienen. Tal es el caso del dalái lama, quien a sus 87 años, no solo parece más joven, sino que además está tan lleno de energía que hace apenas unos años afirmó que estaba decidido a vivir hasta los 110.

¿Y cuántas horas de práctica han acumulado estos monjes? Se ha calculado que uno solo de ellos puede promediar unas 27.000 horas de meditación a lo largo de su vida, el equivalente a tres años de práctica. No sé ustedes, pero llegué a pensar que serían muchos más.

Con esto no quiero desanimar a nadie, todo lo contrario. Soy un defensor de la meditación y la promuevo todos los días motivando a mis pacientes a que adquieran este hábito. En un mundo donde más del 75 % de las personas que habitan los países "desarrollados" refieren sufrir estrés crónico y sabiendo que el estrés nos enferma y nos hace infelices, que alguien no practique la meditación, cuando somos conscientes de todos sus beneficios, parecería algo absurdo; aunque estoy de acuerdo en que adquirir este hábito puede ser una tarea ardua para muchos, sobre todo si no se conocen las bondades que puede traernos y se sigue pensando que meditar es "poner la mente en blanco".

El efecto antienvejecimiento que tiene la meditación, se explica por el aumento que produce en los niveles de la enzima telomerasa que está encargada de proteger los telómeros. Estos son las puntas o extremos de los cromosomas que se acortan cada vez que se produce una división celular y que desaceleran el envejecimiento. Para obtener este beneficio se requieren al menos tres meses de prácticas intensas (540 horas aproximadamente) de *mindfulness* y meditación de la compasión, a las cuales me referiré en breve.

La meditación trascendental es una práctica sencilla y útil para entrenar la mente y fortalecer la atención. Por lo tanto, junto con la dieta mental, también la vamos a llevar en la mochila de herramientas.

LA MEDITACIÓN *MINDFULNESS*

Lo primero que quiero aclarar es que la palabra *mindfulness* no es sinónimo de meditación, como equivocadamente piensan muchas personas. Es una forma de meditar y, en principio, no fue concebida para aliviar ni curar ninguna dolencia.

Desde el punto de vista etimológico, el término inglés *mindfulness* es una traducción de la palabra "*sati*", de la lengua pali, en la cual se encuentran escritas la mayor cantidad de los textos budistas antiguos. La palabra *sati* significa "consciencia" o "concentración", y en castellano se acepta la traducción de *mindfulness* como "atención plena".

Podemos decir sin temor a equivocarnos, que el *mindfulness* o la atención plena es la base de diferentes tipos de meditación provenientes de la tradición budista.

Cuando estamos inmersos en el proceso de la meditación y nos enfocamos en un ancla o punto de atención, tal como la respiración, o en el caso de la meditación trascendental, en un mantra, el acto de "enfocarse" determina también que estamos prestos a detectar cuando la mente se desvía y, de esta manera, volver a traerla al momento presente. Por ejemplo, cuando practico la meditación trascendental y advierto que mi mente está divagando, solo traigo toda mi atención de nuevo a la repetición de mi mantra. De este modo, la atención plena nos sirve de apoyo a la hora de enfocarnos en la respiración o en el mantra, pero también para detectar el vagabundeo de la mente y volverla a llevar, cada vez que se desvíe, al punto de partida.

Las primeras publicaciones del *mindfulness* datan de los años 70, pero el *boom* de esta práctica se sitúa en los 90 y, desde entonces, cada vez son más las investigaciones que demuestran los beneficios que se pueden obtener con este tipo de meditación.

Por ejemplo, hoy sabemos que la práctica prolongada de la meditación *mindfulness* mejora la conectividad cerebral, en especial las regiones relacionadas con la empatía, como la ínsula anterior[7]. Esto les permite a quienes la practican regular sus emociones de manera más efectiva para enfrentar el dolor ajeno y así llevar a cabo conductas más compasivas.

El *mindfulness* actúa como un escudo emocional que no solo ayuda a gestionar el estrés, sino también a fortalecer la compasión. Con su práctica, se forja una armadura invisible que nos protege del sufrimiento ajeno, permitiéndonos responder con empatía y serenidad.

No existe una definición universal de lo que es el *mindfulness,* pero tal vez esta del doctor Jon Kabat-Zinn sea la más utilizada: "Llevar la propia atención a las experiencias que

....

7   Laneri, et al., 2017.

se están viviendo en el momento presente, aceptándolas sin juzgar". El doctor Kabat-Zinn fue uno de los primeros interesados en integrar la meditación con la medicina y la psicología occidentales. Es el creador del programa de reducción del estrés basado en *mindfulness* (MBSR) que se utiliza en muchos centros médicos como una herramienta para disminuir el estrés provocado por diferentes patologías médicas. Es una metodología bastante estudiada y cuenta con un gran respaldo científico.

Diversas psicoterapias en la actualidad han adoptado elementos propios del *mindfulness*, basándose casi por completo en su modelo o haciendo uso de algunos de sus componentes. Dentro de estas, en mi práctica clínica, la terapia cognitiva basada en el *mindfulness* (MBCT) y la terapia dialéctica conductual (TDC) son las dos más importantes y en las cuales me apoyo, eso sí, con la ayuda de terapeutas expertos, debidamente formados y certificados. Con la primera, MBCT, a diferencia de la clásica terapia cognitivo conductual, más que buscar que los pacientes cambien sus pensamientos, se trata de hacer que cambien la forma de relacionarse con los mismos. La segunda, TDC, hace parte de la tercera generación de terapias psicológicas (basadas en la aceptación) y ha resultado ser muy útil en personas diagnosticadas con trastorno límite de la personalidad quienes, por característica general, tienen marcadas dificultades para regular sus emociones. También se ha utilizado con éxito en pacientes con trastornos de la conducta alimentaria, como la anorexia y la bulimia.

Las aplicaciones del mindfulness en el área de la salud hoy en día son múltiples y cada vez gozan de mayor respaldo científico. El manejo del estrés, la prevención de recaídas en trastornos afectivos como la depresión, la reducción de síntomas ansiosos, los trastornos de la conducta alimentaria, el manejo del dolor, los trastornos de la personalidad y la disminución de la compulsión por el consumo de sustancias psicoactivas son algunos de los casos en los que esta herramienta se usa con mayor frecuencia y con alta efectividad.

Debido al interés tanto de los profesionales de la salud mental como de la comunidad neurocientífica, el *mindfulness* es practicado por miles de personas en todo el mundo como una práctica cotidiana, pero aclaro que debe estar encaminada a que cada uno entrene su mente y así pueda detectar en todo momento sus sensaciones, emociones y pensamientos, de tal forma que haga frente y administre de modo adecuado todos estos procesos mentales.

UNA HISTORIA ZEN
(EJERCICIO *MINDFULNESS* DEL AUTOLLAMADO)

Cuenta la historia que el monje Zuigan solía practicar la técnica del autollamado en la que se preguntaba en varias oportunidades, a lo largo del día y en voz alta, lo siguiente:

"Maestro, ¿estás ahí?". Y él mismo se respondía: "Sí, señor, aquí estoy".

Luego se ordenaba: "Más vale que te despejes". Y de nuevo se contestaba: "Sí, señor. Eso haré".

Continuaba con una advertencia: "Ten cuidado, que no te engañen". A lo que se respondía con firmeza: "¡Oh, no, señor, no lo permitiré, no lo haré!".

> De esta manera, Zuigan se mantenía alerta y consciente, utilizando el diálogo interno para fortalecer su atención y autocontrol.

Una forma de practicar el *mindfulness* es este sencillo ejercicio. Como ven, con cada pregunta estoy trayendo mi atención al momento presente. Puedo hacer pausas a lo largo del día y evaluar cómo me estoy sintiendo justo en ese instante de receso y darme cuenta, de un modo consciente, de qué pensamientos automáticos están corriendo por mi mente. De esta manera, si no son los que quiero tener, puedo llevar mi atención a otros diferentes. Así estoy despejándome y no estoy permitiendo que mi mente me engañe. ¡Pruébenlo!

El *mindfulness* y la práctica del autollamado ingresan directamente a nuestra mochila de herramientas.

LA MEDITACIÓN DE LA COMPASIÓN

Si tuviera que describir la meditación de la compasión con una frase, sería: ¡es magia!

Cuenta la historia que Buda envió a un grupo de monjes a meditar a un bosque durante el retiro de la estación lluviosa. Dicho bosque estaba habitado por espíritus a los que les incomodaba la presencia de los monjes en su territorio. Viendo las intenciones de los monjes de quedarse durante varios meses, los espíritus del bosque intentaron disuadirlos de esa idea. De manera que empezaron a producir olores repugnantes y ruidos inquietantes para hacerles imposible la meditación.

Además, se manifestaron como figuras fantasmagóricas para asustarlos. Así, con miedo y viendo frustrada su práctica, los monjes abandonaron el bosque y fueron a contarle lo sucedido a Buda, esperando que este les asignara otro lugar en el que pasar los meses lluviosos. En lugar de eso, Buda los sorprendió diciendo: "Monjes, la primera vez que fuisteis a ese bosque, estábais indefensos, pero ahora os proporcionaré la única protección que necesitaréis". Y esta fue la primera vez que Buda enseñó la meditación *metta*, el Karaniya Metta Sutta, el himno del amor universal[8]:

Aquel que busca promover su propio bienestar,
habiendo alcanzado el estado de perfecta paz,
debería ser capaz de ser honesto y recto,
suave y gentil en su manera de hablar,
dócil y sin orgullo.
Debería satisfacerse fácilmente,
no demasiado ocupado y simple en su forma de vivir,
apaciguando sus sentidos;
debería dejar florecer la prudencia,
tener cuidado para no ser descarado,
lisonjero ni adulador.
También debería resguardarse
de cometer cualquier acto
por el cual un sabio podría reprocharlo.
Una vez alcanzado dicho estado,

....

8 Este es un discurso budista. Se conoce como "Discurso sobre el cultivo de la benevolencia" o "El himno del amor universal" y de él se extraen los elementos a la hora de practicar la meditación *metta*, también conocida como la meditación de la benevolencia o de la compasión.

ENTRENAR LA ATENCIÓN

debería cultivar este tipo de pensamiento:
"Que todos estén bien y seguros,
¡que todos los seres vivos sean felices!".
Y debería pensar esto sobre cualquier criatura viviente,
sin excepción alguna: fuerte o débil,
larga, gigantesca o de mediana estatura,
corta, diminuta o voluminosa.
Sean estas criaturas los seres visibles o invisibles,
estén cerca o lejos,
estén nacidos o por nacer:
¡Que todos estos seres sean felices!
No dejes que nadie sea engañado ni despreciado.
A cualquier sitio donde vayas:
he ahí que están tus compañeros;
no desees a nadie el daño,
ni te permitas estar carcomido
por el resentimiento u odio.
De la misma manera, como una madre
convierte su propia vida en un escudo
que protege a su único hijo de ser herido o lastimado,
deja que este pensamiento, el cual abarca todo,
convierta a todos los seres vivos
en tus cercanos familiares.
Cultiva tu mente en este amor que abarca todo,
extiéndelo hacia el universo entero
en todas sus divisiones;
que este amor no sea turbado
y, de esta manera, estés
más allá del odio y la enemistad.

Siempre que estés parado,
sentado, acostado o estés caminando,
mientras estés despierto,
procura desarrollar esta conciencia,
la cual es considerada por los sabios
como el más alto modo de conducirse.
No sosteniendo más las falsas creencias,
con la virtud y la visión puesta en lo último,
y habiendo vencido los deseos sensuales,
[una persona así] alcanzará la liberación final.

Se dice que los espíritus se calmaron y se materializaron como humanos, recibieron a los monjes con gran piedad y se unieron a la meditación. De esta forma, los monjes pudieron practicar en paz en el bosque.

Meditación de la compasión:

La neurociencia afirma que la meditación *metta* o de la compasión está implicada en los neurocircuitos de la atención, de la regulación del estrés y de la empatía, pero también es una puerta para el crecimiento espiritual.

Es común entender el concepto de la compasión como el sentimiento de tristeza, lástima o pesar que se genera por alguien que está padeciendo una situación difícil, dolorosa o traumática, es decir, por alguien que está sufriendo. No obstante, el concepto en realidad hace referencia al deseo de que las personas sean liberadas del sufrimiento por medio de "actos" verdaderos que sirvan a tal fin.

La palabra *metta* proviene del idioma pali y se traduce como "amorosa bondad". En la práctica de meditación *metta*, se cultiva un profundo deseo de amor y de bienestar para todos los seres, de benevolencia tanto hacia uno mismo como hacia los demás, sin hacer distinción alguna. Por esta razón, la meditación *metta* se conoce con el nombre de meditación del amor benevolente. La meditación *metta* también se asocia con el término *Metta Bhavana*. "*Bhavana*" se traduce como "cultivo" o "desarrollo". Por lo tanto, *Metta Bhavana* es el desarrollo de la amorosa bondad.

Tonglen es una práctica de meditación tibetana que se centra en la compasión. El término significa "dar y recibir" en tibetano. Durante esta meditación, la persona visualiza que inhala el sufrimiento de los demás como si fuera una nube oscura, y que al exhalar, envía alivio, paz y felicidad hacia ellos en forma de luz.

Aunque a veces se utiliza como sinónimo de compasión, es crucial entender que *metta* se enfoca en el deseo de felicidad para todos, mientras que la compasión añade un paso más: aliviar el sufrimiento de los otros.

En la práctica, la diferencia entre *metta* y compasión es sutil, ya que ambas convergen en el anhelo de que los demás sean felices y estén libres de sufrimiento. Así pues, en el ámbito de la neurociencia, estos conceptos suelen considerarse intercambiables, puesto que al practicar la meditación *metta*, también se cultiva la compasión de manera implícita, integrando ambas en una práctica poderosa de transformación personal y espiritual.

Para nosotros, la compasión es un sentimiento que se expresa hacia alguien que está sufriendo, pero según el dalái lama, la palabra compasión en pali tiene un significado más profundo: es un sentimiento que se expresa a los demás y también a uno mismo; y por eso es que deberíamos utilizar el término autocompasión, que significa aliviar el propio sufrimiento.

Creo que el orden correcto es ese: aliviar primero mi dolor, mi sufrimiento, para poder encargarme del dolor del otro. No es egoísmo, es amor propio, algo de lo que se carece en gran medida en la sociedad actual, aunque no lo crean. Muchos de los síntomas y trastornos del estado de ánimo que atiendo en mi consulta están ligados a un patrón grave de baja autoestima. Lo observo tanto en hombres como mujeres sin importar la edad, la condición económica o cualquier otra variable.

La baja autoestima es otro problema grande que padecen muchas personas en la actualidad. Escuché alguna vez en un evento TED (Tecnología, Entretenimiento y Diseño), a un hombre sin brazos y sin piernas decir: "La principal discapacidad que puede sufrir una persona no es la falta de una extremidad, de la vista o de la capacidad para escuchar, sino la baja autoestima". En realidad, creo que es así, pues un patrón de baja autoestima te hace ser "insuficiente" para todo: "No soy suficientemente inteligente, atractivo, ágil, delgado, etc.". Este tipo negativo de autoconcepto es más frecuente de lo que creen y es el causante de muchas dificultades en la vida: es un gran generador de sufrimiento e infelicidad. Pero hablar de autoestima, su origen y forma de mejorarla implicaría

ENTRENAR LA ATENCIÓN

escribir otro libro. Además, creo que ya hay suficientes y muy buenos[9], escritos por expertos en el tema, así que sigamos con la compasión y, por supuesto, con la autocompasión.

En la meditación *metta*, del amor benevolente o de la compasión, como la llamaremos de ahora en adelante, se debe generar, en un inicio, un sentimiento de compasión que se extenderá poco a poco a los demás. Para esto, cerramos los ojos y pensamos en alguien que amemos con todo el corazón, lo visualizamos y lo recordamos en un momento en el que, por alguna razón, estaba sufriendo y necesitaba consuelo. Por ejemplo, podemos recordar la imagen de uno de nuestros hijos llorando y afligido por algún tipo de dolor físico. En ese instante, generamos en la mente el sentimiento de compasión, lo consolamos y nos vemos haciendo todo lo posible para que deje de sufrir. Incluso podemos pensar en nosotros, en una situación en la cual nos hubiera gustado que nos dieran ese bálsamo que aliviara el sufrimiento, pero en este caso somos nosotros quienes vamos a procurarnos ese sentimiento compasivo. Una vez generado, se repiten una serie de frases, algo parecido a esto: "Que yo pueda ser feliz, que pueda disolver el sufrimiento, que tenga salud, que la vida me sonría y pueda hacer realidad mis sueños, que los logros que conquiste sean duraderos y estables, que pueda conectar con la esencia más profunda de mí, que la felicidad y la paz aniden siempre en mi corazón".

....

9   Hay tres libros muy buenos para quienes quieran profundizar en este tema: *Tus zonas erróneas* de Wayne Dyer; *Cómo hacer que te pasen cosas buenas* de Marian Rojas Estapé y *Los dones de la imperfección* de Brené Brown.

Otra meditación de la compasión:

Al inicio, estos deseos se dirigen a uno mismo (autocompasión) y luego se van expandiendo a otras personas, a alguien a quien ames, luego a una persona neutra que no te genere sentimientos ni a favor ni en contra, después a alguien con quien tengas algún conflicto o enemistad y por último a todos los seres que puedan estar experimentando algún tipo de sufrimiento.

Los estudios en neurociencia muestran que la práctica de la compasión fortalece ciertas áreas del cerebro, haciéndonos más resistentes y tolerantes al dolor ajeno. Esto despierta en nosotros un deseo genuino de ayudar a aliviar el sufrimiento de los demás. Sin embargo, en general, solemos evitar el sufrimiento de otros porque nos resulta difícil de soportar. Esta desconexión nos impide actuar de manera compasiva. Investigaciones recientes revelan que al cultivar la compasión, disminuye la actividad de la amígdala, lo que nos permite sentir el dolor de los demás sin evadirlo, abriendo espacio para una respuesta empática y efectiva que alivie ese sufrimiento. Así es como nace la verdadera empatía.

Un estudio comparativo encontró que tanto el entrenamiento en compasión (CCT) como la reducción de estrés basada en *mindfulness* (MBSR) mejoraron el bienestar psicológico, pero el CCT tuvo un mayor impacto en el desarrollo de habilidades compasivas, en especial de la preocupación empática y la identificación con toda la humanidad[10].

....

10 Brito-Pons, et al., 2018.

Para entender mejor esto, debemos primero ahondar en el concepto de empatía.

PRACTICAR LA EMPATÍA Y LA COMPASIÓN

Según la Real Academia Española, la palabra empatía significa: "Capacidad de identificarse con alguien y compartir sus sentimientos" (positivos o negativos, por ejemplo, alegría o tristeza). Pero el origen etimológico proviene del griego *empátheia*, con el cual se hacía referencia a un "dolor intenso o sufrimiento interno". Alrededor de 1848, el filósofo Rudolf Hermann Lotze acuñó el término alemán *einfühlungsvermögen*, cuyo significado era "capacidad de empatizar", y la palabra germana *einfühlung* se utilizó entonces para hacer referencia al vocablo griego *empátheia*. Pero fue solo a principios del siglo XX cuando el psicólogo británico Edward B. Titchener popularizó el vocablo anglosajón *empathy* convirtiéndose en la palabra que hoy aceptamos como empatía.

Al igual que con la compasión, creo que todos tenemos un concepto muy propio y coloquial de la palabra empatía. En mi caso, y me imagino que en el de muchos de ustedes, se deriva de esa frase que escuchamos desde que éramos muy pequeños, que tal vez no entendíamos muy bien por su carácter metafórico, pero que igual se quedó grabada en la mente: "Empatía es ponerse en los zapatos del otro". Mi abuelita la usaba mucho: "Mijito, póngase en los zapatos de ella y verá que así la puede entender", solía decirme. Pues resulta que según la neurociencia, mi abuelita tenía razón solo parcialmente, ya que las investigaciones en esta área nos sugieren tres tipos de empatía.

La primera de ellas es la empatía cognitiva. Tal vez esta era la clase de empatía a la que aludía mi abuela. Es la que nos permite, desde la razón, entender la forma en que la otra persona está pensando, su punto de vista. Pero este tipo de empatía carece por completo del vínculo afectivo que se experimenta en el segundo tipo, la empatía emocional. En esta, somos capaces de sentir en nuestro cuerpo lo que la otra persona está sintiendo. Aquí aparece el vínculo con el otro, pues no nos conformamos solo con entender desde la lógica y razón la perspectiva ajena. Es una reacción automática, como todas las emociones, y no está mediada por la razón o proceso cognitivo alguno. Y la tercera forma, llamada empatía compasiva, es fundamental para entender lo que sucede cuando practicamos la meditación de la compasión. Esta tercera clase se considera el máximo nivel de la empatía, ya que en ella no solo entendemos y sentimos lo que el otro está viviendo, sino que además genera en cada uno de nosotros, un deseo profundo por hacer algo que ayude a mejorar esa situación, hace un llamado directo que nos debe motivar a tomar acciones para tal fin, pero hasta ahí, hasta ese momento, aún no hemos hecho nada, ninguna acción real que pueda servir para aliviar el sufrimiento.

Ese deseo interno de actuar de verdad, que surge a través de la empatía compasiva, es clave para la compasión, que como vimos antes, implica hacer todo lo que esté en mis manos para aliviar con actos, el malestar de quien sufre.

ENTRENAR LA ATENCIÓN

Para resumir, la empatía cognitiva me permite ver el punto de vista del otro y entender lo que está sintiendo; la empatía emocional me permite sentir en carne propia lo que el otro está sintiendo y, por último, la empatía compasiva me grita que actúe, me genera ese impulso de ayudar, pero la compasión solo se hará presente cuando se realice una acción verdadera que libere del dolor y del sufrimiento a aquel que lo está padeciendo.

Si la secuencia de empatía cognitiva, empatía emocional y, por último, empatía compasiva se desarrollara de forma adecuada, el deseo de actuar dejaría de ser eso, un deseo, y entonces todos estaríamos listos para pasar a la acción.

¿Se imaginan cómo sería un mundo así? La vida en la Tierra sería un verdadero y delicioso paseo, todos estaríamos atentos y dispuestos a aliviar el sufrimiento del otro sin que importara el género, la raza, la cultura, la religión, el nivel socioeconómico, las fronteras, etc. Seguro que así se podrían resolver muchos conflictos que en la actualidad están causando dolor en todo el planeta. Pero tristemente la secuencia se ve interrumpida en el segundo eslabón de la cadena, en la empatía emocional.

¿Por qué sucede esto? La respuesta es simple: no nos gusta experimentar el dolor ajeno. Una persona puede generar de inmediato empatía emocional con alguien que esté padeciendo cualquier tipo de sufrimiento (la empatía emocional se expresa con más facilidad si la persona que sufre se parece en algo a nosotros o identificamos algún tipo de afinidad; por ejemplo, es más fácil ayudar a los familiares o personas con quienes compartimos gustos o intereses), pero unos segundos más tarde nos desconectamos de esa emoción, escapamos. Esto, claro, tiene un propósito: no sentir dentro de mí el dolor o el malestar que el otro está experimentando con la situación.

Es frecuente en mi país, en las esquinas de las ciudades, en los semáforos, ver a mujeres desplazadas de sus tierras con tres o más hijos a su lado, incluso algunos son tan pequeños que aún están siendo amamantados. Ellas se ubican allí, a la espera de que los carros se detengan para pedir dinero, "limosna". Ante este escenario, lo natural, si se es medianamente sensible, es conectar, sentir lástima, tristeza, dolor por ella y sus hijos (empatía emocional), pero también es frecuente ver cómo a los pocos segundos, los conductores de esos vehículos retiran su mirada de la escena y posan sus ojos en el carro de enfrente para ignorar por completo el pedido de auxilio, casi como si estas personas fueran invisibles.

Lo cito a modo de ilustración, pues la intención de debatir el problema social en Colombia y otros países no solo de Latinoamérica, sino del mundo entero, está lejos de los objetivos de este libro. Podríamos calificar esta conducta de egoísta, pero es instintiva y tiene por objeto autoprotegernos, liberarnos de ese dolor.

El problema radica en que, al hacer esto, no permitimos que la secuencia ocurra, no va a aparecer la empatía compasiva y, sin esta, no habrá una acción dirigida a ayudar al otro, a aliviar su sufrimiento, no podrá existir la compasión. Pues es aquí donde la meditación de la compasión inclina la balanza.

En el laboratorio se ha visto que cuando las personas se enfrentan a imágenes que causan mucho dolor emocional, en pocos segundos retiran la mirada, pero al pedirles que empaticen con ellas, que se conecten con el sufrimiento, se ve

ENTRENAR LA ATENCIÓN

cómo se activan de una manera muy acentuada unos circuitos cerebrales relacionados con el dolor y la angustia (la ínsula y la amígdala aumentan de forma notoria su actividad) que por lo regular se encenderían si fueran ellas quienes estuvieran sufriendo.

Pero cuando una persona se entrena en compasión es capaz de ir más allá y puede, con facilidad, sostener la atención en las mismas imágenes dolorosas sin escapar de ellas. Desaparece el sentimiento de dolor causado durante el proceso empático, porque ya no se experimenta en carne propia la angustia del que sufre. Esto es debido a que se activan circuitos distintos, que están relacionados con los buenos sentimientos, el amor y la resiliencia, que nos permiten escapar del secuestro emocional y, por ende, nos hacen ser más proclives a actuar cuando estamos en frente de quien está sufriendo. La compasión nos dota de valor y fuerza para hacer frente a las dificultades y a lidiar con ellas correctamente.

En muchos países orientales, sobre todo en China y en el Tíbet, se venera a la diosa Guān Yīn, conocida como la diosa de la misericordia, de la compasión, y su nombre es traducido como "la que escucha los lamentos del mundo para acudir en su ayuda".

Hay algo sorprendente con esta práctica y es que todos estos fenómenos se pueden observar luego de solo ocho horas de entrenamiento, aproximadamente. Esta técnica muestra cómo los circuitos cerebrales relacionados con la alegría, el amor y la felicidad se fortalecen, aumentando sus conexiones, aunque, como les mencioné antes, los frutos de la meditación en la mente y cuerpo son dosis-dependientes: mientras más practiquemos estas técnicas, más fuertes y duraderos serán los beneficios obtenidos.

Un análisis exhaustivo reveló que las prácticas de meditación, en especial la meditación de la compasión y de la bondad amorosa, tienen un impacto positivo, aunque moderado, en el fomento de emociones y comportamientos prosociales, como la empatía y la compasión[11].

Les dije que para mí la felicidad radica en tener una mente entrenada, es decir, una mente atenta. Hemos visto cómo el "vagabundeo mental", ese flujo incesante de pensamientos, ese monito saltando de rama en rama o, como decía Santa Teresa de Ávila, "esa loca que no para de hablar", es la responsable en gran medida de la infelicidad. También observamos cómo este fenómeno tiene su sustento neuroanatómico: la red neurológica por defecto, "la red del despiste", pero que, llevando a cabo ciertas prácticas de forma constante y disciplinada, podemos atenuar su funcionamiento, haciendo que se active la red ejecutiva central, la red del "enfoque".

En la mochila que les di, acabamos de añadir otra herramienta: la meditación de la compasión. Tenemos entonces cuatro estrategias que, practicadas con constancia, nos van a permitir entrenar y fortalecer ese "músculo de la atención":

- La dieta mental.
- La meditación trascendental.
- La meditación *mindfulness* (y el autollamado).
- La meditación de la compasión.

....

11 Luberto, et al., 2018.

ENTRENAR LA ATENCIÓN

Con seguridad se están preguntando: "¿A qué horas voy a hacer todo eso si yo trabajo el día entero y no tengo tiempo?"

Primero aclaro algo, si alguno de ustedes es de los que dice "no tengo tiempo", pues que empiece a buscarlo; porque es probable que haga parte de ese gran grupo de ojerosos, cansados, enfermos y sin ilusiones que andan esclavos de sus obligaciones, se han olvidado de ser autocompasivos y que, además, se están perdiendo lo importante de la vida que, créanme, no está ligado al dinero ni a los bienes terrenales.

"Pero hay que trabajar, doctor, ¿o no?".

Por supuesto que sí, yo trabajo... y mucho. En la tierra se necesita dinero y, a menos que hayamos heredado una gran fortuna o nos hayamos ganado alguna lotería, a la mayoría de nosotros nos toca trabajar. Pero también hay que trabajar en cada uno, en la salud tanto física como mental, en cultivar relaciones, en cuidarnos primero (autocompasión) para poder disfrutar de las cosas que sí son importantes: los padres, los amigos, la familia, los hijos, la pareja, etc.

Entonces, antes de seguir, por favor piensen en esto: si no tienen veinte minutos para meditar al día, como decimos en Colombia, "están graves".

Una pregunta muy frecuente que recibo de mis pacientes y de las personas que siguen mis redes sociales es: "¿Cuáles y cuántos ejercicios de entrenamiento mental se deben realizar al día para obtener los beneficios de estas prácticas en la salud?". La pregunta es muy válida, ya que la confusión causada por tanta información disponible hoy en día hace que si no hay un lineamiento, una guía clara que nos oriente, podamos caer en el desespero y la frustración. A menos que estemos desocupados todo el día, o que seamos monjes tibetanos consagrados a las prácticas contemplativas, no podemos pasar la jornada entera meditando. Casi todos nosotros tenemos obligaciones de diferente índole, laborales, familiares, sociales, y aunque nos beneficiaríamos muchísimo de un retiro de silencio de diez días o más para conectarnos con "lo más profundo de nuestro yo", soy consciente de que la mayoría de las personas no pueden permitirse ese lujo.

"Entonces, ¿qué hacemos, doctor?".

Por el momento, podemos comenzar por hacer la dieta mental. Aunque cuando les describí la metodología el reto implicaba controlar la entrada de esos pensamientos a la cabeza solo durante siete días, queda claro que, en la actualidad y con el "corre-corre" de nuestras vidas, es poco factible pasar invictos ese período de tiempo. Pero si alguno de ustedes resultara siendo un *sensei* de la atención y lo logra, lo reto a que continúe ejercitándose y que comience un nuevo reto, ya no de siete días, sino de catorce, y así sucesivamente, sin dejar de usar esta herramienta.

"Bueno, eso no parece tan difícil de llevar a cabo, pero ¿hay que hacer todas esas meditaciones, doctor?".

La respuesta es no. Para que el cerebro se vuelva más atento y podamos bloquear con facilidad los pensamientos negativos con la dieta mental, necesitamos fortalecer la corteza prefrontal, y ya sabemos que uno de los grandes beneficios que nos proporcionan las diferentes técnicas meditativas es ese. Entonces, el tipo de meditación que vayan a practicar dependerá de cada uno.

Como dije antes, hoy encontramos en las redes sociales meditaciones hasta para "digerir mejor la comida", pero no todo lo que diga meditación en realidad lo es. Estos audios y videos pueden ser entendidos como formas de relajación, y claro, su utilidad deben tener, pero no cuentan con el respaldo científico que poseen las prácticas que les cité antes: meditación trascendental, *mindfulness* y meditación de la compasión. Existen otras técnicas meditativas con respaldo científico, aunque no gozan de tanta difusión.

Si lo que están buscando es un momento de relajación, un ejercicio de esos que comienzan con "cierra tus ojos y concéntrate en mi voz, solo en mi voz..." ya suena a una inducción hipnótica, pero si luego nos dicen: "Ahora obsérvate caminando por un bosque, observa los árboles y percibe la luz del sol pasando entre sus hojas, siente el sol en tu piel, siente el viento entre tu pelo, escucha el canto de los pajaritos, huele las flores", etc., y si para rematar, en el fondo suena una especie de "música de hadas" y hablan con voz de "sedante intravenoso", si en pocos minutos no están dormidos, por lo menos muy relajados si van a quedar, y repito: relajarse, descansar, salir del ajetreo del día, está bien, pero como práctica meditativa, no aplica.

Con respecto a cuál tipo de meditación practicar, creo que lo más prudente es probarlas todas e incluso alternarlas. Esto se puede hacer, ya que no es difícil aprender a meditar. Solo se requiere interés, lanzarse a la acción y comenzar. Hoy, en todo el mundo se encuentran instructores y centros dedicados a enseñar estas prácticas. Me parece que conocerlas todas nos permite sentir con cuál conectamos más, con cuál "vibramos".

Por ejemplo, en mi caso, la meditación trascendental y la de la compasión se me dan muy bien, pero no me sucede igual con el *mindfulness*. Lo mismo escucho decir a mis pacientes. Cada uno debe encontrar "cuál color le gusta más".

Como mencioné, se puede alternar un día una técnica y otro día una diferente, o dos tipos distintos el mismo día. Yo practico ambas, compasión y trascendental, el mismo día, claro está que en momentos diferentes.

El *mindfulness* es la base de muchas corrientes meditativas y la atención plena es inherente a todas las prácticas de meditación en general. Por ejemplo, para mí la meditación trascendental es una meditación *mindfulness* con un mantra.

Otro aspecto importante que ya había citado es que no hay que hacer maratones de meditación, no necesitamos pasar horas enteras meditando para beneficiarnos de ella, aunque mientras más tiempo practiquemos, mejor. Con dedicar veinte minutos al día estaríamos haciendo mucho por la salud física y mental. Si puedes alargar este tiempo de práctica, ¡bienvenido sea!

Cuando se hace un entrenamiento formal en *mindfulness*, nos instruyen en dos grupos grandes de ejercicios, los denominan formales e informales. Dentro de los primeros aparece el clásico sentarse y enfocar la atención en las sensaciones propias de la respiración, pero también hace parte de este grupo la técnica del escaneo corporal (enfocar la atención en una parte específica del cuerpo, por ejemplo, iniciar llevando la atención al dedo gordo del pie derecho, luego al izquierdo, luego al tobillo derecho, y así hasta recorrer todo el cuerpo, atentos a las sensaciones que percibimos en cada una de ellas). Otra opción es

ENTRENAR LA ATENCIÓN

hacer las meditaciones caminando. El grupo de las informales no solo me parece llamativo, sino muy práctico. Nos proponen aprovechar las situaciones cotidianas de la vida para enfocar la atención. Por ejemplo, cuando nos lavamos los dientes, con toda seguridad, estamos pensando en todo menos en cuál pieza dental estamos cepillando. ¿O quién cuando lo hace está pensando "ahora estoy limpiando mi canino inferior derecho, pero en un segundo voy a seguir con mi premolar superior derecho, ummmm, qué bien se siente este sabor a menta en mi boca..."? ¡Nadie! Sin embargo, sería una grandiosa oportunidad para practicar la atención plena por lo menos tres veces al día. Lo mismo se puede hacer cuando lavamos los platos o nos amarramos los cordones de los zapatos, siempre podremos aprovechar esos momentos donde vamos en piloto automático o pensando en cualquier cosa menos en el presente.

¿Recuerdan que les hable de la doctora Elizabeth Blackburn, ganadora del Premio Nobel de Medicina en 2009 por su investigación de los telómeros y la telomerasa, que es una enzima que ayuda a que envejezcamos más lento? En su trabajo, citó que meditar aumenta la función de esta enzima y por esa razón en una entrevista le preguntaron: "Doctora, ¿con cuánta frecuencia medita usted?". Pues su respuesta fue un tanto, no sé cómo decirlo, tal vez sorpresiva, sincera, juzguen ustedes: "Cuando me acuerdo. En realidad, cuando estoy muy aburrida. Mi momento favorito es mientras espero que el microondas termine. Uno puede ser víctima de la impaciencia y ponerse a golpear con los dedos la mesa o, por el contrario, hacer una micromeditación". Pues aquí tenemos otra oportunidad de practicar la atención plena:

mientras calentamos el agua en el microondas para hacer el café en la oficina. ¡Si lo hace una Nobel, su gracia tendrá! Observen que en su respuesta, la doctora Blackburn habla de "micromeditaciones". Creo que estas se pueden asemejar a lo que en *mindfulness* llamamos prácticas informales, como al lavarnos los dientes.

Queda claro entonces: dieta mental todo el día y, por lo menos, 20 minutos de meditación *mindfulness*, trascendental, compasión o una mezcla de las tres.

Pero ¿será esto suficiente para ser felices? Tengo que decirlo, y lo hago porque lo he visto en muchos de mis pacientes. Estas prácticas nos allanan el camino a la felicidad de una manera increíble, pero aún tengo otras herramientas para meter en la mochila, unas con un tinte un poco más espiritual y que también cuentan con respaldo científico.

Aclaro que la meditación, independientemente de todos los beneficios ya conocidos para la salud, también tiene una gran correlación neuroanatómica con la espiritualidad, así lo veo yo. Hoy, con todo el furor del *mindfulness* y las neurociencias, nos hemos enfocado más en los beneficios para el cuerpo y no le hemos dado tanta "pantalla" a lo espiritual, a lo que desde el inicio fue su propósito.

PASADO, PRESENTE Y FUTURO

Antes cité al doctor Martin Seligman, el pionero de la psicología positiva moderna. Les conté que él y sus colaboradores postularon que la felicidad radica en:

1. Estar en paz con el pasado.
2. Ver el futuro con esperanza.
3. Tener una buena actitud con el presente, adaptándonos a él.

Entonces, desglosemos cada uno de estos preceptos.

ESTAR EN PAZ CON EL PASADO

Para poder estar en paz con el pasado, debemos sanarlo y esto no es otra cosa más que perdonar. ¿Recuerdan la mente del mono?, uno de sus árboles favoritos era el pasado doloroso y triste. Si aún no hemos entrenado bien la mente, será muy fácil y frecuente que haga viajes al pasado, ese que ya no podemos cambiar, pero que duele cada vez que, inconscientemente, lo traemos al presente.

Viajar al pasado no implica solo recordar sucesos acontecidos hace muchos años y que aún no hemos resuelto. El pasado puede ser la semana anterior, ayer o incluso hace dos horas. No piensen que la infelicidad que nos genera el pasado se debe solo a sucesos biográficos dolorosos y trágicos. Por ejemplo, el incidente de esta mañana con el conductor imprudente que no respetó el pare, casi nos chocó y, para rematar, nos hizo una señal obscena con el dedo medio fue motivo suficiente para desencadenar una respuesta emocional desagradable en el cerebro. Esta respuesta emocional puede convertirse en uno o varios sentimientos negativos, como la ira o la frustración. Si respiráramos, desviáramos la atención del suceso, pensáramos de forma compasiva "¿quién sabe por qué iba distraído y enojado ese jovencito?" y siguiéramos adelante, atentos al camino, la química del cuerpo volvería a la normalidad en unos cuantos segundos. Pero, en lugar de eso, la mente desentrenada prefiere quedarse rumiando el suceso y caer en un diálogo interno parecido a este: "Ese gran hijuemadre, ¿quién se habrá creído?, ojalá me lo encuentre algún día para decirle cuántos pares son tres moscas. Es que es muy desgraciado", etc. Y adivinen, ¿qué pasa? La reacción química y hormonal generada por ese proceso de pensamiento nos llena de frustración, sin contar con que también aumenta la presión arterial, la frecuencia cardíaca, la tensión muscular etc., y mientras tanto, el conductor del otro vehículo sigue "fresco por la vida".

EL PODER DEL PERDÓN

"Hoy decidí perdonarte. No lo hice porque te disculparas ni porque reconocieras el dolor que me causaste, sino porque mi alma merece estar en paz".
Najwa Zebian

Encontré en el perdón una herramienta clave para vivir en paz. La paz interior ayuda a escoger bien los pensamientos que rondan por la mente y esto, sin duda, nos permite ser más felices.

Todos tenemos "rayones". Es la palabra que uso para referirme a las secuelas que deja el dolor causado por diferentes tipos de heridas emocionales. Esta clase de heridas por lo general acontecieron cuando éramos niños, pero también pudimos haber sido víctimas de ellas en cualquier otro momento de la vida. Las heridas de la infancia que veo en consulta suelen estar asociadas a la relación con los padres. Ya sabemos que hicieron todo lo que pudieron con lo que tenían, que nadie puede dar de lo que no tiene, pero aun así, y siendo conscientes de esto, muchas personas albergan en sus corazones un gran dolor, amargura y resentimiento en contra sus padres, tanto que algunos llegan a referir odio hacia ellos.

Relatos de maltrato y abusos generados por padres alcohólicos y violentos que golpeaban a sus esposas mientras los niños tenían que presenciar estas escenas son historias que se repiten con bastante frecuencia y que se asocian a cuadros depresivos y ansiosos en quienes las padecieron.

El abandono es otra herida frecuente en mi consulta y no solo por la decisión voluntaria de alguno de los padres de dejar el hogar, sino por el fallecimiento de alguno de ellos. En otros, el abandono se presentó de una forma pasiva, es decir, ambos padres estuvieron presentes, pero por alguna razón nunca dieron soporte emocional, tan importante para todos, en especial para los niños pequeños.

Al crecer, la mente va reuniendo recursos psicológicos y con ellos es fácil entender y justificar algunas de estas acciones, pero la herida emocional generada por esos eventos, una vez se instaura, queda grabada en la mente. Se queda allí con una intención: protegernos, advertirnos de situaciones que puedan potencialmente generarnos ese mismo sufrimiento otra vez. Es como un guardián atento a reaccionar, en todo momento, a cualquier situación que se le parezca al evento que causó esa herida.

Por eso, sanar el pasado es el primer paso en la búsqueda de esa felicidad tan anhelada. Sin esa paz interior, la fórmula del doctor Seligman, pasado, presente y futuro no puede funcionar de forma adecuada.

Érica es una mujer de 32 años. Consulta por síntomas ansiosos y depresivos asociados a una ruptura afectiva que tuvo lugar apenas hace tres semanas, pero que la estaba limitando en su desempeño laboral. Expresa que siempre ha sentido que tiene algún tipo de "bloqueo con los hombres" y hace referencia a las relaciones de pareja vividas en su pasado. Está muy preocupada porque con su edad actual, siente que "la está dejando el tren", que se le está agotando el tiempo para cumplir su sueño de formar un hogar y ser madre. Dice que no tiene suerte con los hombres y que, por alguna razón, siempre sucede lo mismo:

"Al comienzo de la relación todo es perfecto, todo fluye muy bien, pero con el paso del tiempo se nota que van perdiendo interés, se van alejando y un día cualquiera, sin razón alguna y sin ningún motivo claro, se van, desaparecen. En esos momentos me derrumbo, entro en crisis, la ansiedad y la depresión que siento me abruman, me falta el aire, siento opresión en el pecho, no puedo parar de llorar y no concilio el sueño. Con mi última pareja, teníamos planes de casarnos y hasta estábamos viendo apartamentos para irnos a vivir juntos, pero también me dejó. Tengo miedo de sentir lo mismo otra vez. Ya no confío en los hombres, aunque quiero casarme y tener hijos".

Cuando le pedí que me contara su historia personal, de sus padres, de la relación que tenía con ellos y de la relación que había entre su padre y su madre, me dijo: "Vivíamos en un pueblo, mi padre conducía un camión y no permanecía mucho tiempo en la casa, ya que siempre estaba en "la carretera", así nos decía mi madre a mí y a mis tres hermanos menores. Solo lo veíamos una o dos veces al mes nada más, casi siempre en fin de semana. Aprovechaba esos días para beber, se pasaba las noches tomando licor en las cantinas del pueblo y solo llegaba al otro día borracho a dormir. Decía que trabajaba muy duro y que esos eran sus días de descanso. Cuando esos días terminaban, se iba otra vez a trabajar y ni siquiera nos dábamos cuenta de cuándo se iba porque iniciaba sus viajes en la madrugada. Mi madre ayudaba con los gastos de la casa, cosía ropa para las vecinas y con ese dinero nos daba algunos gustos. Mi mamá era muy pasiva, nunca discutía con él, creo que le tenía miedo, además lo justificaba diciendo que "así son los hombres" y que no podíamos ser desagradecidos porque él era quien llevaba la comida a la casa. Nunca lo vi sobrio. Esos fines de semana eran muy difíciles, mi mamá se veía muy tensa, no podíamos hacer ningún tipo de ruido porque si lo despertamos de su borrachera, se volvía muy agresivo, aunque nunca hubo maltrato físico. Cuando tenía nueve años, una vecina entró a la casa y le dijo a mi mamá que mi padre había muerto, que había sufrido un accidente en "la carretera". Mi madre cayó al piso, destrozada. Nunca olvidaré esa escena y no por el dolor de haber perdido a mi padre, sino por el sufrimiento de mi madre al enterarse y por la angustia que sentí al verla así. Eso nos cambió la vida por completo y las afugias económicas no tardaron en aparecer. Mi madre tuvo que comenzar a trabajar a tiempo completo en las casas de otras vecinas, planchando y lavando ropa. Casi no la veíamos. Tuvimos que dejar la casa e irnos a vivir con los abuelos, los padres de mi mamá. Me tocó volverme, de alguna manera, la mamá de mis hermanos. No tengo un solo recuerdo bonito con mi padre, es como si nunca hubiera estado presente en mi vida. Mis abuelos asumieron la responsabilidad de criarnos a mí y a mis hermanos. Mi abuelo hizo las veces de papá y no solo apoyando a mi madre en lo económico; también era muy cariñoso y nos quería mucho. Lo sentía como mi verdadero padre. Pero luego de dos años de estar viviendo con él, murió de un infarto. Esa vez sí sentí un gran dolor".

En ese momento, aparecieron unas cuantas lágrimas en sus ojos.

La interrumpí. Le hice notar cómo había sufrido el abandono de dos figuras masculinas muy importantes en su vida y que la historia parecía repetirse cada vez que comenzaba una relación con un hombre. Le expliqué que la mente guarda memorias para avisarnos cuándo una situación se parece a algo doloroso o traumático vivido en el pasado con el objetivo de no volver a sentir ese malestar.

He oído muchas veces esta clase de relatos en la consulta. Es muy frecuente que estas personas, debido al dolor emocional y a la inseguridad que sintieron como resultado del abandono sufrido en la infancia desarrollen, de manera inconsciente, comportamientos que tienen como objetivo mantener a su pareja cerca y así evitar el abandono de nuevo. Sin embargo, estas conductas tienden a producir el efecto opuesto. Los celos, la inseguridad, la irritabilidad o los patrones marcados de dependencia llevan a sus parejas a sentirse acorraladas, cansadas o fastidiadas, lo que hace que la "profecía" se termine cumpliendo: "Siempre terminan abandonándome".

Con Érica realicé una sesión de relajación y de EMDR. Al inicio me dijo que no veía la necesidad de trabajar el abandono de su padre, ya que no sentía nada por él y que, de necesitar sanar algo, sería sanar la muerte de su abuelo.

Esto es muy frecuente. Las personas que buscan algún tipo de terapia para resolver un conflicto dicen tener claro qué evento van a perdonar o resolver, pero en el momento de la terapia, en ese estado alterado de consciencia, la mente no consciente es quien toma la batuta y dirige el proceso. La mente no consciente es la que en realidad sabe qué es lo que está causando el dolor, el sufrimiento y por ende, conoce mejor que nadie qué es lo que se debe resolver con la terapia. Así pasó con Érica. Su única intención era "desbloquear" su problema con los hombres. De modo consciente, veía el patrón de abandono que le señalé de parte de las figuras masculinas en su infancia, pero solo creía importante sanar el dolor que se revivió en la entrevista conmigo al hablar de su abuelo. Enseguida comenzó a llorar. Estaba recordando a su padre. Recordó que no siempre estaba bajo los efectos del alcohol, que tuvo momentos alegres y felices con él, su madre y sus hermanos. Bajo la terapia, sintió mucha tristeza por su muerte y lamentó no haber podido tenerlo más tiempo en su vida. Lo otro sorprendente es que no recordó la escena de la muerte de su abuelo. "Con él no hay lío", dijo bajo ese estado de relajación.

Pero unos segundos más tarde comenzó a llorar de nuevo.

"Tengo mucha rabia. Mi padre no tuvo la culpa de nada, murió en un accidente, pero mi madre nos abandonó".

PASADO, PRESENTE Y FUTURO

Quien estaba hablando no era Érica, sino su niña interior, sus memorias de dolor almacenadas en la mente no consciente. Cuando hablamos de sanar el niño interior, las personas tienden a pensar que dentro de cada uno de nosotros habita un pequeño niño. No es así. El niño interior es una forma de llamar a esas memorias contenidas en la mente no consciente. Toda terapia que implique sanar al niño interior está haciendo catarsis de ese contenido mental, exponiéndolo a la luz de la conciencia y, de esa manera, transformando el dolor que habita en él.

"¡Qué raro, doctor!, nunca fui consciente de tener nada en contra de mi madre, pero mi relación con ella, si bien no es mala, sí es tensa. Siento a veces que me desespera, soy poco tolerante con ella, no le tengo nada de paciencia. Ahora entiendo de dónde vienen esos sentimientos. Pobre mi mamá, le ha tocado muy duro y nunca más se volvió a casar porque solo tenía tiempo para trabajar por nosotros. No se imagina las ganas que tengo de ir a abrazarla y agradecerle todo lo que hizo por mí y mis hermanos".

¿Ven?, Érica vino a resolver el problema de sus relaciones de pareja, pero en el camino también encontró algo tal vez más profundo: la paz con su padre y su madre.

El perdón llega por medio de la terapia. Aclaro que antes de iniciar cualquier procedimiento con mis pacientes, les digo: "Las terapias sirven, fueron diseñadas con un fin, pero para que sean efectivas, se requiere de la intención de la persona, sin esta, no hay ninguna posibilidad de sanar nada. La intención en este caso es el perdón".

También les aclaro que perdonar no es olvidar. Mi madre solía decir: "Yo perdono, pero no olvido". No se trata de olvidar, se trata de liberarse del dolor emocional, el enojo, la ira, la rabia. De no desearle el mal a quien nos hirió y de ser capaces de renunciar al deseo de vengarnos. Entonces perdonar no significa olvidar; todo lo contrario, significa poder recordar, pero sin dolor. Es frecuente que los pacientes me digan que es muy difícil, que no pueden. Y es en ese momento cuando les recuerdo esta frase, también del dalái lama: "Si no perdonas por amor, perdona al menos por egoísmo, por tu propio bienestar".

El perdón sana. El perdón libera de sentimientos negativos que ya sabemos que tienen un impacto nocivo para la salud física y mental. Cuando alguien nos hiere, nos convertimos en verdaderos adictos al dolor. Con frecuencia, regresamos al pasado y no somos conscientes de que, al recordar los gritos, el abuso, la infidelidad o, en general, el dolor, lo estamos sintiendo de nuevo, ¡hoy!, en el aquí y en el ahora, en el presente. Es como si hubiéramos construido un altar al dolor y al sufrimiento y tuviéramos que ir a rezar todos los días.

Cuando perdono, soy yo quien salgo de la cárcel del dolor y el sufrimiento. Quien me hirió quizás no fue consciente del daño que me causó o, si lo fue, tal vez ya no le importe o no lo recuerde, pero yo sigo llorando diez años más tarde por lo que me hicieron.

El poder del perdón:

EL PERDÓN A NOSOTROS MISMOS

**"El autoperdón es un acto de coraje y de humildad.
Es una forma de liberarse del peso del pasado
y abrirse a la luz del presente".**
Iyanla Vanzant

No puedo hablar del perdón sin mencionar también el autoperdón. Es el primer paso que todos deberíamos dar para sanar el pasado. A mi juicio, es igual o incluso más importante que perdonar a los demás. El perdón implica empatía y compasión con los otros, pero el autoperdón es un acto de amor con nosotros mismos, de autocompasión. Ser capaz de perdonarnos, liberarnos de la culpa y la vergüenza es una tarea primordial para sanarnos y transformarnos. El autoperdón "No solo me permite abrirme a la luz del presente", como lo cita Iyanla Vanzant, sino que me permite abrazar la vida con una mente y un corazón abiertos, actos fundamentales en la búsqueda de la felicidad. El autoperdón también se puede lograr utilizando estas herramientas, pero como en toda práctica psicoterapéutica, la intención y la voluntad del paciente son fundamentales en el proceso.

Alejandro tiene 27 años. Consulta porque se siente aburrido y desmotivado. Ha iniciado tres carreras, pero las abandonó todas en los primeros semestres. Según él, ninguna "llenaba sus expectativas" y en la última no le gustó "el ambiente de la universidad". Refiere haber tenido que repetir tres años cuando estudiaba bachillerato y que obtuvo su título en un instituto de "validación". Se define como poco disciplinado e inconstante. Después de iniciar y abandonar tres carreras (siete semestres en total), dice que se dio cuenta de que no tiene claro qué es lo que desea en la vida y cree que esto es debido a la muerte de su madre.

—Siempre he tenido un sentimiento de culpa por su muerte que nunca me ha abandonado.

—¿A qué te refieres con sentimiento de culpa?

—Mi madre se suicidó por mi culpa.

—¿Y cómo pasó eso? —le pedí que me explicara.

—Mi hermana y yo estábamos jugando dentro de la casa con un balón de básquet. Éramos muy pequeños, seis y siete años; mi hermana es la mayor. Yo lancé el balón y accidentalmente rompí un jarrón muy costoso. Mi madre salió a ver qué había sucedido y de inmediato vio el jarrón destrozado en el piso. Se tomó la cabeza y gritó como nunca había gritado. Recuerdo que me asusté mucho y me puse a llorar. Luego regresó a su habitación y se encerró, gritaba y lloraba. Mi hermana y yo nos quedamos afuera, detrás de la puerta. Éramos muy pequeños y no sabíamos qué hacer. Mi padre ya había muerto. Lo asesinaron sus socios. Estaba metido en el negocio de las drogas. Al otro día, la empleada del servicio la encontró tirada en el baño, sin vida. Se había tomado un tarro de pastillas para dormir junto con una botella de licor.

En ese punto le fue imposible contener el llanto. Con la voz quebrada y llorando como un niño asustado, me dijo:

—Me gustaría poder hablar con ella, pedirle perdón por haber roto su jarrón. Nunca me he podido perdonar eso. Mis abuelos maternos se encargaron de mi hermana y de mí, pero desde ese momento me siento perdido. Siento que nada me motiva, no sé qué quiero en la vida y además no le encuentro sentido. Creo que nunca fui un buen estudiante y ahora lo estoy pagando. No soy bueno para nada.

Era evidente el sentimiento de culpa de Alejandro e igual de claro estaba su problema de baja autoestima. Su historial académico me hizo sospechar de un déficit de atención en el adulto, que más tarde pude corroborar con una prueba neuropsicológica. Pero en ese instante tenía enfrente a un joven *ad portas* de un cuadro depresivo: sin sueños, desmotivado, con problemas de atención y con una culpa que lo acompañaba desde hacía más de 20 años.

Tomó más tiempo del que por lo general utilizo con otros pacientes hacer que Alejandro entrara en un estado de relajación. Su dificultad para concentrarse fue notoria en ese momento. Al final logramos un estado adecuado, no muy profundo, pero sí lo suficiente como para iniciar la terapia. De inmediato se ubicó en la escena narrada. Su respiración se agitó y rompió en llanto.

—¿Por qué lo hizo? No lo entiendo, solo era un jarrón. Ahora la puedo ver. Siempre estaba bebiendo y fumando. Lloraba mucho.

Durante la sesión, Alejandro pudo rescatar varios recuerdos y con gran detalle.

—También tenía moretones en los brazos; se inyectaba drogas. Pasaba la mayor parte del día dormida en la cama, no comía casi nada. En la noche siempre estaba drogada, ¡sí, eso era, usaba drogas!

A medida que las escenas fueron apareciendo en su pantalla mental, se fue tranquilizando.

—Sufría mucho con mi papá. Discutían siempre, él le pegaba y ella también a él. Eran muy violentos. Mi papá siempre volvía tarde a la casa, borracho, luego de estar con amigos y con mujeres. Siempre nos despertaban sus gritos y peleas a mi hermana y a mí. Ahora lo entiendo, yo no tuve la culpa. Ella tenía un montón de problemas, no tuvo una vida fácil. Siempre pensé que había sido mi culpa por haber quebrado el jarrón.

Continuaba llorando. Unos cuantos minutos más tarde, se tranquilizó. Ese día, Alejandro descubrió que su madre estaba enferma, tenía problemas de drogadicción, alcoholismo y muy probablemente también un cuadro depresivo.

Recordar con detalle escenas que no tenía conscientes y verlas con los ojos de un hombre de 27 años, y no con los de un niño de seis, le permitió disolver su culpa.

—Me dijiste que querías hablar con ella. Ahora puedes hacerlo. Con tus ojos cerrados, imagínala sentada enfrente tuyo. Dile lo que quieras, es una oportunidad que la vida te está dando para quedar en paz con ella y contigo. Exprésale todo: tus miedos, tus angustias y, en especial, tu sentimiento de culpa. Al final, asegúrate de que ella te libera de toda responsabilidad. Hazlo en tu mente, no tienes que pronunciar ninguna palabra.

Durante todo el proceso lloró bastante, tembló y él mismo se abrazó por un minuto o más.

—Cuando sientas que está dicho todo, despídete de ella y abre los ojos.

Estaba muy conmovido. Le puse una mano en su hombro para demostrarle que entendía lo que había pasado.

—¿Cómo te sientes ahora?

—Liviano. Cargué con este peso toda la vida y no tenía que hacerlo. Ya lo entendí. Me siento tranquilo, como si me hubiera quitado el velo de mis ojos. No sé cómo explicarlo, pero me siento bien, mucho mejor.

Luego de la sesión, hicimos un tratamiento farmacológico y de rehabilitación neurocognitiva para su déficit de atención. Encontró su vocación y talento en la cocina, su *ikigai,* su *dharma.* Alejandro ahora es chef profesional. Trabaja para una importante empresa de cruceros internacional y pasa la mayor parte de su tiempo en altamar, cosa que disfruta con todo su corazón.

El autoperdón y la autocompasión nos permiten conectar con la verdadera esencia y darnos cuenta de que la imperfección es una característica compartida por todos los humanos. Reconocer esta imperfección es fundamental para comenzar a sentirnos seguros y aceptados. La autocompasión es transformadora y tiene el poder de transmutar el sufrimiento en alegría.

> **"El perdón es para ti porque te libera.
> Te permite salir de la prisión en la que estás".**
> Louise Hay

LA RESISTENCIA AL PERDÓN

No todas las personas están dispuestas a perdonar. Dicen por ahí que solo los valientes son capaces de hacerlo. Lo que sí les aseguro es que el perdón puede traer muchos beneficios para la salud física y emocional. La ira, el rencor, la tristeza, etc. aumentan la liberación de hormonas del estrés en el cuerpo, la adrenalina y cortisol. Estas incrementan la frecuencia cardíaca y la presión arterial. También se ha visto que los niveles elevados de cortisol pueden aumentar el riesgo de desarrollar diabetes tipo 2.

Las *natural killers* son células que hacen parte del sistema inmunológico y que nos protegen de virus, bacterias y de potenciales células cancerosas. Se ha evidenciado que son como una patrulla de soldados que viaja por la sangre haciendo "redadas" contra estos enemigos de la salud y menguan su capacidad de acción en entornos inundados de cortisol. También se ha visto que los niveles de cortisol permanentemente altos favorecen la aparición de enfermedades inflamatorias crónicas, como el asma y la artritis reumatoidea, sin que esto quiera decir que sean su causa directa.

El perdón también puede ayudar a mejorar algunos síntomas relacionados con la depresión y la ansiedad, como el insomnio, la fatiga y la irritabilidad. Veamos el siguiente caso.

Teresita es una mujer de 78 años, viuda y madre de dos hijas. La aquejan múltiples dolencias físicas: todo su cuerpo le duele, en especial la espalda en la zona lumbar, donde le han practicado dos cirugías que no le han dado alivio alguno. A pesar de gozar de abundantes recursos económicos y del afecto de sus dos hijas y de sus nietos, consulta porque con frecuencia se siente triste y aburrida. "Nada me provoca, doctor. Con este dolor permanente, lo único que quisiera es estar en una cama, esperando a ver cuándo es que Dios se acuerda de mí". Enviudó muy joven, pues su esposo murió de cáncer a los 45 años, dejándola con sus dos hijas, que para ese entonces tenían 6 y 8 años. Su esposo se encargaba de todo lo referente a la economía del hogar. Tenían un pequeño pero lucrativo negocio de dulces y licores que ella tuvo que comenzar a administrar luego de su muerte. Nunca había trabajado y, al ser una inexperta en los negocios, pronto recibió la ayuda de su cuñado. Para resumir el cuento, este se adueñó del local y del negocio y, sin ningún tipo de escrúpulos y contando con la complicidad de su esposa, la hermana de Teresita, la despojó a ella y a sus hijas de la única fuente de ingresos que tenía para poder subsistir.

—No sé cómo hice, pero logré salir adelante y, gracias a Dios, nos fue muy bien, aunque nunca voy a olvidar lo que mi hermana y su esposo nos hicieron. Usted no me lo va a creer, doctor, pero pienso mucho en eso, casi todos los días (¿recuerdan el altar del dolor?), sobre todo después de la pandemia —me contó—. No sé por qué esos recuerdos se intensificaron. Debe ser por lo desocupada que ando ahora. Antes tenía aliento para salir y viajar, pero ahora, con estos dolores, no puedo. Vivo aburrida todo el tiempo. El último doctor que me vio, me dijo que tenía depresión y fibromialgia y me mandó a consultar con usted.

—Claro que no lo vas a olvidar, Teresita, ¿quién puede olvidarse de semejante acontecimiento?, además perpetrado por una persona tan cercana como tu hermana... ¡Nadie! La memoria tiene un componente emocional importantísimo y semejante historia, a menos que te demos un golpe muy fuerte en la cabeza, nunca se te va a olvidar. Pero ¿qué tal si los perdonamos? Creo que, en gran medida, tu estado de ánimo y tus dolores dependen de ese acontecimiento. Trabajé mucho tiempo en una clínica de dolor y todos los días veía a mujeres con la "famosa" fibromialgia, ¿y sabes qué tenían casi todas en común? ¡Dolor emocional!

—¿Cómo así, doctor?, no le entiendo bien.

—Sí, Teresita, casi todas esas mujeres tenían depresión, ansiedad o ambas. Pero la mayoría también tenían historias personales de abuso, abandono y maltrato sufridos en cualquier momento de sus vidas. Todas tomaban medicamentos para el dolor, la depresión y la ansiedad, pero pocas respondían a estos enfoques, o lo hacían parcialmente, y por eso teníamos en grupo de salud mental con psicología y psiquiatría, donde les ayudábamos a sanar ese dolor, el "dolor emocional". ¿Y sabes qué les pasaba? Poco a poco también mejoraban de su dolor físico. Usábamos terapias grupales, hacíamos meditaciones y procesos de relajación hipnótica para perdonar o mejorar el dolor.

—A ver, doctor, si le entendí bien, ¿Usted me está diciendo que para que yo me alivie, tengo que perdonar a esos dos?

—Sí, Teresita, eso es justo lo que te estoy diciendo.

—Pues entonces me voy a tener que morir con él. ¡Ni loca perdono yo a esos dos infelices!

Con el tiempo, y luego de conversar mucho con Teresita, logré que "me comprara" todos los beneficios que el perdón podía traerle a su vida y aceptó realizar una terapia para este fin. El proceso con ella ha sido de varias sesiones, pero hoy se siente en paz con su hermana y su cuñado. Ya no se refiere a ellos como "desgraciados", ya no piensa todo el tiempo en lo que le hicieron y, cuando lo hace, de inmediato es capaz de llevar su atención al "suelto y confío". Sí, es que Teresita hoy es una juiciosísima practicante de la dieta mental del señor Emmet Fox y de la meditación de la compasión. Además, sus dolores corporales han disminuido de forma importante, al igual que el número de pastillas que tomaba a diario, tanto para el dolor como para su estado de ánimo e insomnio. Ya no necesita pastillas para dormir y como el dolor ya no es incapacitante, ha decidido retomar las actividades sociales que antes tenía con sus amigas del colegio, con las que se reúne una o dos veces por semana a jugar cartas.

El perdón y el autoperdón también van dentro de nuestra mochila de herramientas y para facilitarlos, la hipnosis, la terapia EMDR y la silla vacía de la terapia Gestalt, deben ir allí también, teniendo en cuenta que estas últimas deben ser utilizadas solo con el acompañamiento de un experto en salud mental.

VER EL FUTURO CON ESPERANZA

"El verdadero propósito de esta vida es la felicidad, la cual es sostenida por la esperanza. No tenemos ninguna garantía a futuro, pero vivimos con la esperanza de algo mejor. Esperanza significa seguir intentándolo, pensar que se puede hacer".

Dalái lama

Por otro lado, pero siguiendo con los postulados del doctor Seligman, de nuevo, si la mente no está entrenada y la atención es débil, "el monito" también estará feliz visitando el futuro, saltando en esas ramas frondosas, tétricas, tenebrosas. Ver el futuro con esperanza y optimismo es clave en la búsqueda de la felicidad.

Me gusta la gente que es optimista y también la gente positiva, que pueden parecer lo mismo, pero son dos rasgos diferentes, aunque con frecuencia coexisten en un solo ser. Una persona optimista es aquella que, sin negar la realidad de las situaciones que se presentan, siempre tiene la esperanza de que al final todo saldrá bien, incluso en los momentos más difíciles. Tienden a ser personas dispuestas, vibrantes y con iniciativa. Los optimistas no se encogen ante los retos y desafíos propios de la experiencia humana, sino que los enfrentan con la mejor disposición, los asumen como oportunidades de crecimiento personal y por eso, también tienden a ser bastante resilientes. Las personas positivas son aquellas que tienden a ver siempre el lado amable de las cosas, se enfocan en encontrar soluciones y no solo en señalar los problemas.

Cuando les digo a mis pacientes que deben entrenar la mente para vivir más anclados en el presente, con frecuencia me preguntan: "Pero entonces, ¿no me preocupo por el futuro?".

El futuro es muy importante, claro que sí. La frase "La mejor forma de predecir el futuro es creándolo", me gusta mucho, aunque claro, no es del todo cierta. En ocasiones pasan cosas que se le escapan hasta a la persona más precavida, cauta o prudente, porque hay una variedad de elementos que no podemos controlar. No obstante, el presente es el mejor momento para trabajar y construir el futuro que queremos. El problema es cuando la mente divaga en pensamientos catastróficos de hipotéticas situaciones que, de acontecer, serían una verdadera hecatombe. Son esos famosos "y si", esos que casi nunca pasan y menos como uno se los imagina, pero que con solo pensar en ellos nos generan un gran malestar emocional, angustia, miedo, desesperanza, etc. ¿Y si me deja mi esposo?, ¿y si me da una enfermedad terminal?, y si nos quebramos, ¿con qué vamos a vivir? Decía sir Winston Churchill: "Pasé más de la mitad de mi vida preocupándome por cosas que jamás iban a ocurrir". No sé cómo lograron medir esto, pero dicen que el 90% de las cosas que nos preocupan jamás ocurren.

Creo que esta frase se popularizó con la intención de ilustrar cómo la ansiedad y las preocupaciones en general no tienen una base sólida o real y que solo reafirman la tendencia humana a sobreestimar los riesgos o peligros futuros. Sin embargo, existe un estudio relativamente reciente que corrobora esta afirmación. En él, 29 participantes que padecían trastorno de ansiedad generalizada (TAG) registraron durante 10 días sus preocupaciones diarias, las cuales revisaban cada noche, y luego, a lo largo de 30 días, hicieron un seguimiento de si estas preocupaciones se concretaban o no. El resultado principal fue revelador: el 91,4% de las preocupaciones que anticiparon nunca se hicieron realidad.

Aunque el estudio presenta ciertas limitaciones debido al reducido tamaño de la muestra y la ausencia de un grupo control, no deja de llamar la atención que los resultados sean semejantes a la afirmación popular de que la mayoría de las preocupaciones carecen de fundamento y refuerzan la idea de que la mente tiende a exagerar los posibles peligros que nos acechan.

Cuando se tiene una mente poco entrenada y desatenta es tan fácil viajar al futuro a preocuparnos que incluso hay personas que se levantan a pensar en la muerte propia o de un ser querido todo el día. ¿Y si me muero hoy, qué? Claro que todos nos podemos morir hoy, pero ¿cómo se puede vivir con ese sentimiento de miedo presente en todo momento?, a mí me parece una verdadera tortura. Por cierto, el miedo a morir es el temor más común en el ser humano.

Esta no es la forma de pensar con esperanza en el futuro, todo lo contrario. Este pesimismo no realista es generador, al igual que los viajes al pasado, de mucho sufrimiento y angustia.

Por eso se dice que "las personas depresivas viven pensando en el pasado y las ansiosas en el futuro", otra frase de esas coloquiales que repetimos sin analizar y que tampoco es cierta del todo, pero que en el fondo, algo de verdadero encierra.

Optimismo inteligente:

Ver el futuro con esperanza implica construir imágenes mentales de eso que queremos lograr. Cuando la mente divaga, está generando imágenes, pero de un futuro sombrío. La buena noticia es que podemos crear imágenes a voluntad en la mente, escoger a conciencia las imágenes que queremos visualizar y proyectar en esa pantalla mental que todos tenemos dentro las "películas" que nos pueden hacer sentir bien, películas que nos hagan ser felices. Recuerden: "El cerebro siempre está visualizando, pero una mente entrenada puede escoger qué ver".

Y para elegir lo que queremos ver, es necesario tener claros los deseos sobre el futuro. Un problema que detecto en las personas cuando hablo con ellas en mis consultas es que no saben qué es lo que desean, no tienen claro lo que quieren. Un problema aún mayor es que la mayoría cree que sí lo sabe. Todos parecen tener metas y objetivos para seguir y alcanzar, pero cuando les pido que los expresen de una forma concreta, se dan cuenta de que esas metas son poco claras y por eso, en muchos casos, no se alcanzan.

María es una paciente de 56 años radicada en los Estados Unidos desde hace 22. Hace tres años, su esposo falleció, víctima del COVID-19. Cuando le pregunté por qué estaba consultando, me respondió llorando:

—Me siento estancada

Le pedí que me especificara qué quería decir con "estancada" y esto fue lo que me dijo:

—Pues no sé, doctor, es que quiero avanzar, pero no lo logro.

—¿Y avanzar qué quiere decir, a dónde quieres ir?

Hubo unos segundos de silencio y luego contestó.

—No sé, doctor, no sé cómo decirlo con palabras.

—Intenta, es importante saber la respuesta a esa pregunta para poder ayudarte.

—¿Sabe qué, doctor? Ahora que me lo pregunta, me doy cuenta de por qué no avanzo. Es que no tengo claridad sobre lo que de verdad deseo después de la muerte de mi esposo. Nunca lo había pensado así, pero no avanzo porque no sé qué quiero. A veces pienso en regresar a mi país, otras en mudarme a la Florida, pero no lo tengo claro. Tampoco sé si seguir con el negocio de mi esposo o venderlo. Mis hijos ya están grandes y solo vivo con el menor, que se va a casar el próximo año. Tengo un novio, pero no sé si quiero vivir con él o seguir como estamos. ¡En realidad no sé qué es lo que quiero!

Si no sé qué quiero, no lo puedo visualizar; si no lo visualizo, no puedo generar un plan de acción concreto que me permita alcanzar esas metas. Siendo así, mi mente seguirá proyectando las imágenes que desee sin que yo participe de forma consciente de ese proceso, y ya sabemos cuál es el tipo de imágenes que la mente divagante prefiere. Mientras tanto, seguiremos buscando razones para justificar por qué "estamos estancados".

PASADO, PRESENTE Y FUTURO

EL PROPÓSITO DE VIDA

En la filosofía budista, se dice que "Tu propósito en la vida es encontrar un propósito y entregarle a él todo tu corazón".

Mark Twain, famoso por su novela *Las aventuras de Tom Sawyer,* dijo: "Existen dos días importantes en la vida de cada ser humano. El primero, cuando naces, el segundo, cuando descubres la razón para la que has nacido".

Para mí, el propósito de la vida hace referencia a la misión espiritual, a lo que mi alma vino a perfeccionar en la tierra, y si bien creo que es un argumento válido, existen otras visiones con un tinte algo más "mundano".

Hay quienes dicen que el propósito de vida es la razón por la cual nos levantamos con pasión cada mañana y lo que le da significado a la propia existencia, pero un elemento que debe ser tenido en cuenta cuando se habla de esto es que todo lo que hagamos, el trabajo, dedicación y esfuerzo, debe siempre estar encaminado al servicio de los demás, al bien común. Decía la Madre Teresa de Calcuta: "Quien no vive para servir, no sirve para vivir".

Estoy seguro de que hallar el propósito de vida es un factor relevante para aumentar el bienestar y encontrar la felicidad.

Encontrar el propósito de la vida puede ser un proceso complejo para muchos, entre otras razones, porque se puede tener más de uno y, además, pueden ir cambiando a lo largo del tiempo.

Cuando mis pacientes me preguntan cómo encontré mi propósito de vida, siempre les contesto lo mismo: "No tengo ni idea, la vida me fue guiando hasta él". Pero también les digo que un concepto que creo puede ser de mucha utilidad para este fin es el *ikigai*.

El término japonés *ikigai* puede entenderse como la "razón de ser" o la "razón por la cual me levanto en la mañana". Es el propósito de vida para las personas nacidas en esa cultura.

El *ikigai* se sustenta en cuatro pilares:

1. La pasión.
2. La misión.
3. La profesión.
4. La vocación.

Como el servicio a los demás está directamente ligado al propósito de vida, lo primero que tengo que hacer a la hora de encontrar mi *ikigai* es darme cuenta de en qué "soy muy bueno", pues esa habilidad está relacionada con dos pilares de este constructo: la pasión y la profesión.

En segundo lugar, debo amar eso en lo que soy bueno. Si no se cumple con esta premisa, eso en lo que soy muy bueno ya no puede ser mi *ikigai*. Lo que amo se relaciona también con dos pilares: la pasión y la misión.

Luego de tener claro en qué soy bueno y que, además, en realidad amo eso en lo que soy bueno, mi *ikigai* debería, para poder ponerlo al servicio de los demás, ser algo que la humanidad necesite. Aquí agrupamos otros dos pilares: la misión y la vocación.

Por último, si de estos tres elementos puedo obtener remuneración económica para mi sustento, he completado mi *ikigai*. Aquí agrupamos también los pilares de profesión y vocación.

Una forma clara de verlo es con este gráfico.

No se preocupen si aún no han encontrado su propósito de vida, creo ciegamente que este siempre llega a nosotros de alguna manera, pero como me gusta ayudarle un poquito al destino, les propongo iniciar por esta pregunta:

¿De qué manera aquello en lo que soy bueno puede beneficiar a otros?

Me parece estar escuchando a todos mis pacientes: "Pero doctor, es que ese es mi problema, todavía no sé en qué soy muy bueno". Si ese es el caso, las siguientes preguntas pueden ayudar a responder ese interrogante y a reflexionar sobre cuál es en realidad el propósito de vida:

¿Cuáles son mis mejores habilidades?

¿Qué es lo que más disfruto hacer?

¿Qué actividades me hacen sentir bien conmigo mismo?

¿Cuáles son mis valores y principios?

PASADO, PRESENTE Y FUTURO

¿A qué me dedicaría con toda la pasión si me quedara poco tiempo de vida?

¿Qué haría si fuera millonario o si tuviera un cargo de responsabilidad y poder?

¿En qué me gustaría invertir mi tiempo libre?

¿De qué manera puedo ser útil a los demás, si pongo en práctica mis talentos?

Todos los días agradezco haber encontrado mi *ikigai*, y la verdad, sin mucho esfuerzo. En realidad, no sé si me encontró a mí o yo me lo encontré, pero amo mi oficio y siento que me desempeño muy bien en él. Además, las personas necesitan de mis servicios y por fortuna puedo vivir de mi trabajo, pero soy consciente de que este último elemento, "por lo que me puedan pagar", puede ser el óbice, el obstáculo que impide que muchas personas conecten por completo con su *ikigai*.

Hace poco escuché en una conferencia que, debido a esto, en el mundo occidental (no estoy seguro de si en Japón también), una cantidad de personas siguen ejerciendo su profesión para devengar un salario y alternan sus oficios con lo que los apasiona, con su *ikigai*. Así no reciban ninguna remuneración económica, lo hacen por gusto, por disfrute y, sobre todo, por la satisfacción de poner sus talentos al servicio de la humanidad.

Si el segundo día más importante de la vida es cuando descubres la razón por la cuál has nacido, sin duda, el *ikigai* debe ir en nuestra mochila de herramientas para alcanzar la felicidad.

VISUALIZAR Y PROGRAMAR EL FUTURO

Visualizar e imaginar son dos herramientas potentísimas que todos tenemos al alcance. Siempre les hago énfasis a mis pacientes y a los participantes de mis seminarios en la importancia de integrar estas prácticas en sus rutinas diarias. Visualizar e imaginar podrían confundirse con una sola actividad; sin embargo, hay unas diferencias puntuales entre ambas.

> **"Todas las cosas se crean dos veces.**
> **Siempre hay primero una creación mental**
> **y luego una creación física".**
> Stephen Covey

Desde una perspectiva neuropsicológica, visualizar implica ver en la mente una imagen o escena con cierta nitidez y grado de detalle. Por ejemplo, si te pido que visualices un limón en tu cocina, intentarías crearte una imagen mental nítida en la que se aprecie el color, la forma, la textura, la ubicación y otros detalles.

En cambio, imaginar es un proceso neuropsicológico más amplio y complejo que involucra no solo las áreas visuales del cerebro, sino también otras relacionadas con, por ejemplo, el olfato, el oído, el gusto, etc. Cuando imaginamos, recreamos experiencias, sentimientos o ideas en la mente que no necesariamente tienen que ser visuales, sino conceptos generales mucho más amplios, menos nítidos e incluso abstractos. Por ejemplo, podrías imaginar cómo se sentiría hacer una limonada bien fría, beberla en un día caluroso y disfrutar de su sabor ácido y refrescante.

Con base en esto, podríamos decir entonces que la visualización es un subconjunto de la imaginación que tiene como objetivo crear imágenes mentales visuales, mientras que imaginar es un proceso más amplio que además puede involucrar muchos otros aspectos de la experiencia humana. No obstante, en bastantes contextos, ambos términos pueden usarse coloquialmente como sinónimos, pero como ven, desde un punto de vista neuropsicológico, involucran procesos cerebrales distintos.

Como lo he señalado en algunos videos de mi canal de YouTube, la visualización y la imaginación se han convertido en una piedra angular de mi rutina diaria. A través de estas prácticas, genero imágenes en mi mente que reflejan el futuro al que aspiro. Estas imágenes no solo estimulan circuitos neuroanatómicos que me impulsan hacia la búsqueda de ese futuro —como el sistema reticular activador ascendente (SRAA)[12]—, sino que también actúan como reguladores de los pensamientos negativos automáticos, moderando de esta manera la neuroquímica asociada al estrés. Al seleccionar de forma voluntaria qué imágenes albergar en mi mente, se promueve la liberación de neuroquímicos y hormonas asociados al bienestar y a la felicidad, como la dopamina, la serotonina y la oxitocina, fortaleciendo así la salud física y mental.

Para experimentar el poder de la imaginación y de la visualización, realiza el siguiente ejercicio (puedes pedirle a alguien que te ayude leyendo estas líneas): cierra tus ojos y recuerda la última discusión que tuviste con tu pareja, tu jefe o alguna situación en la que sentiste que se cometió una injusticia contigo. Visualiza esa escena con mucho detalle en tu mente, intensifica los colores, aumenta el volumen de los sonidos y conecta con las emociones que despierta ese recuerdo.

---

12 El SRAA, ubicado en el sistema nervioso, se extiende desde el tronco cerebral hacia zonas más elevadas del cerebro. Compuesto por diversos núcleos y vías neuronales, opera con una variedad de neurotransmisores. Su función principal es actuar como un filtro sensorial. En medio del flujo constante de información que nos llega, el SRAA depura lo verdaderamente relevante para la conciencia. Asimismo, nos ayuda a centrar la atención en estímulos específicos, dejando de lado aquellos que carecen de importancia.

Pregúntate: ¿cómo te sientes?, ¿notas alguna tensión en tus músculos?, ¿tu corazón late con más rapidez?, ¿tu respiración se ha vuelto más superficial y acelerada?, ¿experimentas de nuevo el enojo, la ira o la frustración?

Ahora, cambia de escena: cierra tus ojos e imagina que caminas descalzo por una playa paradisíaca con el sol calentando tu piel. Haz un giro completo para abarcar la belleza que te rodea. El cielo, azul intenso, se ve decorado por algunas nubes blancas y gaviotas que planean a lo lejos. Siente la calidez de la arena bajo tus pies y cómo esta se refresca con el ir y venir de las olas. Contempla los diversos tonos de aguamarina del océano y déjate acariciar por la suave brisa salina. Avanza hacia esa hamaca que observas a lo lejos, ubicada entre dos palmeras que se mecen con el viento, y cuando llegues, recuéstate allí y permite que su suave balanceo te envuelva mientras disfrutas de tu coctel favorito y observas el idílico paisaje. Ahora, ¿cómo te sientes? Si has seguido los pasos, lo más probable es que te encuentres en un estado de relajación profunda.

Este es solo un atisbo del inmenso beneficio que aportan la visualización y la imaginación a nuestra vida.

Este último ejercicio lo llamo "mi refugio mental". Es una técnica que suelo enseñarles a mis pacientes que sufren de crisis de ansiedad o ataques de pánico con el fin de que puedan interrumpir esos episodios tan incómodos en cuanto comiencen a manifestarse en su mente y cuerpo.

Técnica del refugio mental:

Otro aspecto importante de estas prácticas es el impacto que pueden tener de manera neuroanatómica y funcional en el cerebro.

Hoy sabemos que el cerebro se transforma continuamente por medio de experiencias tanto externas como internas. Un buen ejemplo es cuando nos reímos o hacemos el gesto de la risa. Aunque la risa sea forzada, se activa el sistema límbico y se liberan endorfinas y neurotransmisores como la dopamina. Si la conducta es repetitiva, se fortalecen las vías neuronales asociadas a estas emociones.

Algo similar sucede con lo que proyectamos como imágenes en la pantalla mental cada vez que imaginamos algo de forma deliberada: es un estímulo interno para esa transformación. A este fenómeno se le conoce en el mundo de la neurociencia como plasticidad sináptica dependiente de la actividad o neuroplasticidad dependiente de la experiencia y es la capacidad que tiene el cerebro para adaptarse y reorganizarse formando nuevas conexiones neuronales a lo largo de la vida. Esta capacidad, entonces, nos permite aprender de las experiencias, recuperarnos de algunas lesiones y adaptarnos a los cambios del entorno.

Como ven, la plasticidad neuronal puede ser estimulada y potenciada mediante ejercicios de imaginación y visualización. Al hacerlo, una persona puede representar, por medio de escenas o "películas mentales", diferentes acciones sin necesidad de realizarlas físicamente. De este modo se activan circuitos cerebrales específicos y se generan cambios en la arquitectura neuroanatómica del cerebro.

PASADO, PRESENTE Y FUTURO

Hay evidencias en numerosos estudios[13] de que, utilizando técnicas de neuroimagen, como la resonancia magnética funcional (fMRI) y la tomografía por emisión de positrones (PET), la magia de estos ejercicios reside en el hecho de que, al visualizar e imaginar, el cerebro activa las zonas relacionadas con la vivencia real de esas acciones o situaciones. En otras palabras, se activan las mismas áreas del cerebro que se activarían si la persona estuviera experimentando las acciones imaginadas.

Repetir con cierta disciplina escenas mentales en la pantalla mental puede ayudarnos a reforzar vías neuronales y mejorar las habilidades asociadas a la actividad visualizada.

Como lo mencioné antes, la técnica de visualización e imaginación como herramienta para favorecer la plasticidad neuronal se ha estudiado en diversos contextos. Por ejemplo, para mejorar el rendimiento deportivo o también para la rehabilitación y recuperación de lesiones cerebrales, entre otras.

Se ha documentado, en el ámbito deportivo, que un atleta que utilice técnicas de visualización e imaginación puede mejorar su rendimiento, ya que al observar mentalmente movimientos, jugadas o acciones propias de su disciplina, activa circuitos cerebrales relacionados con su práctica deportiva potencializando las conexiones sinápticas (entre una neurona y otra) propias de la misma.

....

13 Grèzes, J. y Decety, J. (2001). "Functional anatomy of execution, mental simulation, observation, and verb generation of actions: A meta-analysis. Human Brain Mapping", 12(1), 1-19.
Hanakawa, T., Immisch, I., Toma, K., Dimyan, M. A., Van Gelderen, P. y Hallett, M. (2003). "Functional properties of brain areas associated with motor execution and imagery: A study using fMRI with real-time monitoring. NeuroImage", 19(3), 259-273.

De igual manera pasa con la utilidad de estas prácticas en el campo de la neurorrehabilitación. Visualizar e imaginar son herramientas muy utilizadas como complemento a la hora de ayudar en la recuperación de funciones cerebrales motoras luego de una lesión cerebral. En este escenario, la visualización de los movimientos afectados por la lesión cerebral favorece la estimulación de las áreas motoras en el cerebro, ayudando así a la recuperación funcional.

CÓMO UTILIZAR EL PODER DE LA IMAGINACIÓN Y DE LA VISUALIZACIÓN

Creo que todos hemos oído hablar de *El secreto*, el famoso documental de la ley de la atracción. Cuando lo vi por primera vez, me llamó mucho la atención. Reflejaba algunos conceptos que en el pasado había leído y que se relacionaban muy de cerca con "el poder de la mente no consciente". El documental, sin lugar a dudas, fue hecho para cautivar a los espectadores y generó un gran *boom* mediático. Pero había algo en él que mi lado racional, mi hemisferio cerebral izquierdo, no aceptaba por completo, y era el hecho de afirmar que solo con visualizar algo, mágicamente aparecería en mi vida, sin mayor esfuerzo. Es posible que la razón para tal escepticismo radicara en que este concepto iba en contravía de las creencias que me habían inculcado cuando era un niño y que sigo teniendo: que nada viene gratis y hay que trabajar duro para salir adelante.

PASADO, PRESENTE Y FUTURO

Como creo que la visualización no es suficiente y que hay que poner manos a la obra, nada mejor que empezar con una autoevaluación. Esta herramienta la conocí en 2010 cuando estaba estudiando Programación Neurolingüística: "la rueda de la vida" es un ejercicio en el que cada uno evalúa ocho aspectos o áreas importantes (salud, economía, trabajo, pareja, familia, amigos, espiritualidad y, por último, diversión y ocio). Cada ítem debe ser calificado con una escala del 1 a 10, siendo este último número la mayor calificación posible. Toda área con menos de 7 está mal y se le debe prestar mucha más atención que a las áreas mejor calificadas. Me pareció un gran ejercicio y comencé a implementarlo con mis pacientes y en mis seminarios. Es un excelente medio para evaluar, de manera objetiva y rápida, el estado global de la vida de cada uno. Esto es solo el comienzo. Luego se debe escribir de forma clara, tangible y específica cuál es el objetivo o meta que se quiere alcanzar en cada esfera. En mi caso, es una herramienta muy útil para que los pacientes se den cuenta de que no van bien en diferentes áreas de sus vidas por una razón: no saben lo que quieren y, lo peor, creen que sí lo saben. Por eso se levantan día tras día para perseguir supuestas metas que en realidad no están definidas. Esa es la explicación de que muchas personas vayan a consulta refiriendo que "están estancadas", que llevan "50 años trabajando y no han conseguido nada de lo que se puedan sentir orgullosas".

Te invito a que hagas esta autoevaluación de todas las áreas de tu vida. Te aseguro que te van a sorprender las respuestas.

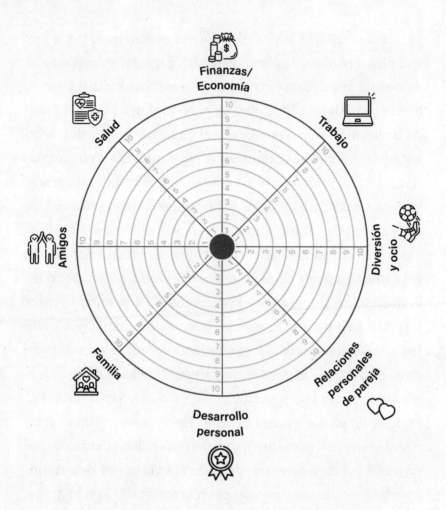

1. _____

2. _____

3. _____

4. _____

5. _____

6. _____

7. _____

8. _____

Pero el ejercicio no se terminaba con escribir de forma clara las metas, sino que debía complementarse con "la oración científica".

LA ORACIÓN CIENTÍFICA

Este es un concepto que adopté de algún libro o charla de mi época de la nueva era y, la verdad, no sé por qué se llama así. Consiste en que en la noche, mientras nos quedamos dormidos, vamos a visualizar a consciencia todo lo que queremos que nos acontezca en la vida, llámese salud, economía, pareja, amigos, etc.

Se recomienda que antes de dormir, ya en la cama, cerremos los ojos e imaginemos la vida perfecta que queremos para nosotros y las personas cercanas, pero con una condición: verla mentalmente como si ya estuviera aconteciendo. No se debe pensar en el "cómo voy a lograr que esas cosas pasen", ya que, de ese modo, la mente racional obstaculizaría la obtención de esos logros.

Mientras nos quedamos dormidos, la mente va de la onda beta, consciente, hasta la onda delta, pasando por la onda theta, que es la onda donde podemos programar de forma intencional la mente no consciente.

Esta práctica también se puede hacer en cualquier momento, solo se requiere estar en un estado de relajación superficial, no necesariamente profundo. Solo hace falta un lugar tranquilo, sin interrupciones, hacer tres respiraciones profundas, relajarse y comenzar el proceso de visualización o imaginación creativa.

Como ven, es un proceso muy similar a lo que se mostraba en *El secreto*. Pero recuerden que, aunque los autores defienden que no hay que hacer nada más, solo visualizar, yo prefiero que una vez se definan las metas, se estructuren planes de acción factibles desde el mismo momento. El plan de acción es la bitácora que nos dice qué acciones debemos desempeñar para alcanzar los sueños y objetivos.

Puedo decir que, en general, a mí y a la mayoría de mis pacientes este sistema de autodiagnóstico y de consecución de objetivos nos funcionaba muy bien, aunque había pacientes que aducían que el sistema no los ayudaba. Recuerdo a una paciente que me dijo que estaba muy apremiada por deudas de su difunto marido y que la única forma de salir de ellas era vendiendo una propiedad que había heredado, lo que no solo le permitiría pagar lo adeudado, sino que también le daría tranquilidad financiera. Expresó haber intentado venderla, pero los posibles compradores, por alguna razón, siempre desistían del negocio. "Estoy desesperada, ¿por qué no se vende?", me decía.

Aparte de ayudarle con su ansiedad e insomnio, la instruí en esta práctica, con lo cual la paciente salió de la consulta muy tranquila y entusiasmada, pero mi sorpresa no sería poca cuando ocho días después se presentó de nuevo en el consultorio a decirme en un tono poco amigable:

—Eso que usted me enseñó no sirve para nada.

—¿A qué se refiere, doña Beatriz?

—Eso de visualizar por la noche lo que uno quiere, llevo ocho días haciéndolo y aún no se vende la propiedad.

Quedé un poco aturdido con esa queja, pero luego reaccioné y pensé: "Pero si apenas han pasado ocho días". Con esto en mente, le dije:

—Perdóneme, doña Beatriz, pero una novena a María Auxiliadora o a cualquier otro santo se demora nueve días y los milagros no son inmediatos, así que creo que debe tener un poco más de paciencia y de fe.

—Tiene usted razón, doctor, pero entienda que estoy desesperada.

Creo que esa palabra fue la clave, "desesperada". Lo que se traducía en angustia y miedo.

En ese momento, recordé a Gregg Braden, un geólogo, autor de varios libros y protagonista de algunas series donde plantea la relación existente entre algunas tradiciones espirituales y la ciencia, específicamente la física cuántica. En uno de sus videos, explica que cada vez que pensamos generamos electricidad y que los pensamientos producen emociones, que según afirma, son campos magnéticos. Refiere que, al juntar pensamientos (electricidad) y emociones (campos magnéticos) se crean los sentimientos (campos electromagnéticos). Asegura Braden que el corazón emite ondas que forman un campo electromagnético de hasta 50.000 femto-teslas (unidad de medida para el campo magnético), frente a las solo 10.000 que emite el cerebro.

El campo electromagnético del corazón tiene forma de dona y se denomina campo toroide. Se extiende desde el pecho, dos metros a la redonda.

Por medio de este campo, nos comunicamos a través del sentimiento (onda electromagnética), con un campo

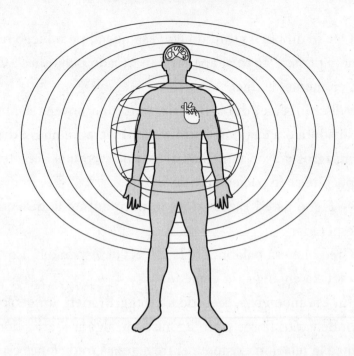

electromagnético mayor, del que se compone todo, y que los científicos denominan el campo cuántico.

Según Braden, este campo externo es inteligente y responde a lo que emitimos desde el corazón, pero advierte que este campo actúa como un espejo donde se refleja y vuelve a nosotros lo que sale del corazón. Por esta razón, aprendió de los nativos americanos y de diversos guías espirituales en varios lugares del mundo, entre ellos monjes tibetanos, que la oración no podía hacerse desde la carencia o la necesidad porque esto, al final, se traduce en miedo y eso sería lo que saldría del corazón, y terminaría regresando a nosotros.

Según sus mentores, la oración debe hacerse "envuelta en el sentimiento" de que lo que se pide ya está presente en la vida. En su libro *Secretos de un modo de orar olvidado*, Braden narra con mucho detalle y precisión todo lo anotado aquí.

En el 2007, Gregg Braden dictó una conferencia en Milán, Italia. En ella, expuso el pasaje bíblico que todos hemos escuchado: "Pedid y recibiréis para que vuestro gozo sea completo" (Juan 16:23-24). Dice que eso es lo que encontramos hoy en la versión de la Biblia del rey Jacobo (una traducción al inglés de la Biblia que fue autorizada por el rey Jacobo I de Inglaterra y publicada por primera vez en 1611). Expone Braden que en el siglo IV, cuando se hicieron las ediciones de la Biblia, desaparecieron dos frases que estaban en la versión original en arameo y que cambian por completo el mensaje y significado de este elemento bíblico. Las frases faltantes son estas: "Pregunta sin motivo oculto y déjate rodear por tu respuesta, déjate envolver por lo que deseas, que tu alegría será plena". Con base en esto, Braden explica que no basta con pedir, pues las instrucciones que nos dieron fueron otras: se debe sentir como si la respuesta ya hubiera pasado, estando envuelto en el sentimiento.

Conferencia de Gregg Braden en Milán:

¡Claro!, pensé, es por esto que a muchas personas no les funcionaba del todo bien este método, como a doña Beatriz.

Le expliqué que su oración científica o visualización debía hacerla sintiendo que ya era libre de deudas y que gozaba de unas finanzas sanas, y que no podía seguir dudando ya que esto representaba miedo y angustia.

Acá entendí el concepto de fe. Fe es la certeza de que mi deseo ya está en camino independientemente de que el mundo exterior y las circunstancias nieguen esa posibilidad (esta es una de las ventajas de la imaginación). Es vivir en el estado deseado o, como digo yo, "en el final de la película". No se trata de negar la realidad actual, sino de ser conscientes de ella y comenzar a generar planes de acción concretos para trabajar en ellos cada día y así alcanzar las metas.

Sé que aquí algunos eruditos en el tema están en desacuerdo e insisten en que no es necesario actuar, que las cosas van a llegar. No hay problema, si funciona para ustedes, adelante, pero mi sistema de creencias me pide que me esfuerce un poco más.

> **"Sobre toda cosa guardada, guarda tu corazón,**
> **porque de él mana la vida".**
> **Proverbios 4:23**

Visualizar e imaginar son dos herramientas adicionales para ser felices, para, en el presente, planear con esperanza y fe el futuro que queremos sin importar lo difíciles o dolorosas que en ocasiones puedan ser las circunstancias actuales. También podemos añadir a nuestra mochila el ejercicio de la rueda de la vida y claro, la práctica de la oración científica; pero eso sí, ya lo saben: envueltos en el sentimiento de que esa plegaria ya fue escuchada y con la certeza de que la respuesta ya viene en camino, en otras palabras, ¡teniendo fe!

LA *MIND MOVIE*

Esta es otra maravillosa herramienta, el complemento perfecto a la oración científica y, si me lo preguntan, a la que más fe le tengo. Es como magia.

Debido a que muchos de mis pacientes dicen tener dificultades con la visualización, no tener imágenes claras o tener dificultades para concentrarse, se me ocurrió enseñarles algo que había diseñado como mi "mapa de sueños moderno". ¿Recuerdan que con *El secreto* se puso de moda hacer un cartel o un corcho de pared lleno de recortes de las cosas que queríamos que aparecieran en nuestras vidas?, el famoso *visual board* o "mapa de sueños". Todos pegamos fotos de mansiones, montañas de dinero, yates y carros lujosos motivados por la promesa del mencionado documental. También recuerdo que los carteles terminaban en la basura al ver que nada de eso funcionaba (para algunos afortunados, sí). El caso es que había entendido que no se trataba solo de recortar una imagen, sino de generar el sentimiento de que esa imagen ya hacía parte de mi vida, y luego, en mi caso, trabajar para alcanzar esos objetivos.

Pues lo que hice fue crear una película con esas imágenes. Lo hice de una manera muy rudimentaria y confieso que lo sigo haciendo así. Con la ayuda de imágenes de internet, en mi computadora hacía una presentación de PowerPoint y, una vez terminada, con mi celular grabada cada diapositiva por unos 40 segundos, pasando una tras otra, hasta tener todas en el video, y así obtenía una película de tres a cinco minutos. Cada noche, en mi cama y antes de dormir, veo esta película y una vez termina, cierro mis ojos y la sigo viendo con los ojos cerrados en mi pantalla mental, ¡fácil!

Al otro día me levanto a ejecutar las tareas que tengo destinadas para alcanzar esos logros y créanme, me ha funcionado. Las cosas van llegando de la manera menos esperada y en el momento menos pensado, pero llegan. Algunas tardan más tiempo, pero "el que persevera, alcanza", decía mi abuelita.

En 2018, asistí a un seminario con el doctor Joe Dispenza en Tarragona, España. Fue una semana de meditaciones y todo lo demás que él plantea en sus libros y series televisivas. Para mi sorpresa, me encontré con que una de las herramientas impartidas en este retiro era la *mind movie* Dentro del precio del encuentro estaba incluido el acceso a una aplicación destinada a crear una película mental propia.

El doctor Dispenza nos inculcó utilizarla entrando antes en un estado alterado de consciencia que se lograba respirando lento, relajando los músculos del cuerpo y visualizando las bellas figuras caleidoscópicas generadas por computador que también hacían parte del seminario.

Hoy en día existen cientos de aplicaciones para hacer este video sin ningún problema, pero como les digo, yo sigo con mi PowerPoint, que hasta la fecha me ha funcionado muy bien.

Acá les dejo el video con las instrucciones para que utilicen la *mind movie* y el enlace a un caleidoscopio digital.

Cómo visualizar tus sueños:

Caleidoscopio digital:

BUENA ACTITUD CON EL PRESENTE

Seligman postula que para ser felices debemos tener una buena actitud con el presente y adaptarnos a él de la mejor manera posible. La mejor forma de hacerlo es practicando la gratitud. La gratitud nos hace ser más felices, así lo demuestra la neurociencia. La Clínica Mayo reporta que la gratitud es de vital importancia para la salud física y mental, ya que incrementa el estado de ánimo, reduce el estrés, mejora la calidad del sueño y fortalece el sistema inmunológico.

La gratitud es la herramienta que utilizo y recomiendo para fluir y aceptar el presente. Según la Real Academia Española (RAE) la gratitud "es un sentimiento que nos obliga a estimar el beneficio o favor que se nos ha hecho o ha querido hacer, y a corresponder a él de alguna manera".

Tenemos miles de cosas para agradecer en la vida, pero enfocarse en ellas es tarea de una mente entrenada. Una mente divagante prefiere centrarse en lo que falta, en la carencia, en la necesidad. El cerebro procesa y reacciona a la información que se le entrega, justo donde enfocamos la atención. Si el foco siempre está puesto en lo que no tenemos o vivimos comparándonos con el vecino porque él "tiene un carro más moderno", "su casa es más grande", "tiene un mejor salario", es obvio que se generará un sentimiento de insatisfacción que nos hará infelices.

Ser agradecidos nos permite reconocer y apreciar los beneficios y bondades de la vida y, al mismo tiempo, tener una actitud optimista hacia ella. Practicar a diario la gratitud significa ir más allá de un simple "gracias". Es tener la disciplina y la disposición para tratar de generar este sentimiento dentro de cada uno de nosotros. Alcanzar esto puede ser una de las grandes claves en la búsqueda de la felicidad, o por lo menos así lo plantean diferentes instituciones de renombre mundial, como la Universidad de Harvard, que afirma que la gratitud nos hace ser proclives a tener y sentir más emociones positivas, a disfrutar de buenas experiencias, a mejorar la salud, a enfrentar la adversidad y a establecer mejores y fuertes relaciones con los demás.

Hoy sabemos que aquellas personas que practican la gratitud reportan niveles más altos de vitalidad y de satisfacción con la vida que quienes no lo hacen, tienden a ser más optimistas y a ver el lado positivo de todo, pero sin negar la realidad. También se ha visto que las personas que sufren de ansiedad y depresión, cuando desarrollan un diario de gratitud experimentan una reducción importante en sus síntomas en comparación con grupos de control.

La gratitud actúa como un "reforzador social". Al reconocer y valorar las acciones positivas de los demás, podemos desarrollar relaciones mejores y más satisfactorias con los otros que, según la Universidad de Harvard, es el factor más determinante a la hora de querer ser felices, como veremos más adelante.

Por último, pero no menos importante, sabemos que la resiliencia es fundamental para la felicidad. Ser capaz de superar situaciones emocionales dolorosas y salir de ellas fortalecidos, si bien tiene componentes genéticos y ambientales diferentes en cada uno, es algo que se puede desarrollar y mejorar con prácticas como el perdón, la aceptación, la compasión y la gratitud.

¿CÓMO TRABAJAR Y FORTALECER LA GRATITUD?

1. El diario de gratitud: dedicar unos minutos cada día a escribir sobre aquello por lo que te sientes agradecido puede aumentar la conciencia y el aprecio por los aspectos positivos de la vida. Yo recomiendo escribir entre tres y cinco cosas que quieras agradecer cada día. Para mí es más fácil en la noche, antes de acostarme. Para lograrlo, mantén una agenda o un cuaderno destinado para este propósito en tu mesita de noche y, antes de acostarte, ¡escribe! Se puede hacer en el día, pero quince minutos de gratitud en la noche ayudan a dormir mejor.

    Muchas personas me preguntan si se pueden repetir cosas que agradecer. Mi respuesta es sí. Quizás se pregunten ¿De verdad hay tanto por agradecer? Y sí, cuando estás atento a todo lo que das por sentado, empiezas a darte cuenta de que hay mucho que agradecer. Por ejemplo, puedes dar gracias por la cama en la que duermes, el trabajo que tienes, las tres comidas, ya que hay millones que no las tienen o agradecer por haberte encontrado con un amigo o amiga que no veías hace tiempo. Agradece porque tienes ojos y puedes ver o por tus piernas. ¿Has pensado cómo sería tu vida sin una de ellas?, pues agradece que tienes ambas piernas y puedes caminar. Enfocarte en lo que tienes y no en lo que no tienes es clave para la práctica de la gratitud y para ser feliz.

"Me quejaba porque no tenía zapatos hasta que conocí un hombre que no tenía pies".
Anónimo

2. Meditación de la gratitud: es uno de los videos con más visitas en mi canal. Consiste en dedicar unos minutos a reflexionar sobre las cosas, personas o recuerdos por los que te sientes agradecido. Respira profundo y visualiza esos momentos, generando dentro de ti el sentimiento de gratitud.

3. La jarra de gratitud: es otro gran ejercicio para trabajar la gratitud. Lo recomiendo en especial en casa, con la familia, para involucrar y cultivar en los niños la gratitud. Cada vez que algún miembro de la familia sienta gratitud por algo, lo escribe en un papel y lo introduce en una jarra destinada para tal fin. Al terminar el año, pueden revisar todos los instantes de gratitud que han acumulado leyéndolos en familia.

Estas tres herramientas para practicar la gratitud, son imprescindibles en nuestra mochila.

Meditación para iniciar el día en gratitud:

El poder de la gratitud:

Gratitud, rutina para todas la mañanas:

Como les mencioné en el capítulo de la felicidad, algunas investigaciones muestran que esta no es permanente, sino que es efímera, que experimentamos solo periodos de felicidad y que en realidad no somos muy buenos a la hora de crearla.

El doctor Amit Sood, uno de los más importantes médicos e investigadores de la Clínica Mayo, dice en su libro *The Mayo Clinic Handbook for Happiness: A Four-Step Plan for Resilient Living* (*El manual de la Clínica Mayo para la felicidad: un plan de cuatro pasos para una vida resiliente*) que la felicidad es un hábito que se puede desarrollar y que si bien algunas personas tienen mayores facilidades para conectarse con ella, todos podemos trabajar para alcanzarla.

El doctor Sood tiene una frase que en lo personal me parece retadora, pero que me encanta: "Basta concentrarnos en ser felices para acabar siéndolo". ¿Qué opinan?

Sé que suena más fácil de lo que en verdad puede ser, pero estoy seguro de que con estas herramientas podemos entrenar la mente y ser más conscientes a la hora de escoger los pensamientos. De esta manera, es más viable regular las emociones para poder alcanzarla o, por lo menos, arañar momentos de felicidad y hacerlos más duraderos. Solo se necesita voluntad, perseverancia, determinación y esfuerzo.

EL DOLOR FÍSICO Y EL DOLOR EMOCIONAL

La relación entre la mente y el cuerpo es innegable y ha sido demostrada desde hace mucho tiempo. Esta conexión es quizás la razón por la cual tantas investigaciones respaldan el uso de prácticas psicológicas y complementarias en el manejo del dolor y otras condiciones específicas. La hipnosis, la terapia EMDR y la meditación, al contribuir al alivio del dolor emocional, también tienen el potencial de aliviar bastantes padecimientos físicos.

Mi profesor de psiquiatría, el doctor Augusto González, decía que la depresión es una enfermedad mental que duele. Hoy en día se utilizan, entre otros fármacos, para el manejo del dolor crónico o neuropático, un grupo de antidepresivos denominados "antidepresivos duales" porque no solo son inhibidores selectivos de la recaptación de serotonina (ISRS), como la mayoría de estos medicamentos, sino que también inhiben la recaptación de norepinefrina simultáneamente (ISRSN). Como ven, la disfuncionalidad de estos dos neurotransmisores (y otros cuantos más) ha sido relacionada con una inadecuada regulación de los estados de ánimo. Hoy sabemos que eso es solo una parte del problema y que también están implicados mecanismos neuroendocrinos, ambientales e inflamatorios, entre otros. Pero la regulación de la serotonina y la norepinefrina también juega un papel fisiológico en el control del dolor crónico o neuropático, ya que hacen parte de los neurotransmisores que modulan la llamada "vía descendente del dolor". Cabe anotar que esta función también es ejecutada por un grupo de antidepresivos llamados antidepresivos tricíclicos (ADT), igualmente muy útiles, aunque cada vez caen más en desuso, entre otras razones, por ser menos seguros en pacientes mayores ya que suelen tomar otros medicamentos con los que se pudieran presentar interacciones y aumentar el riesgo de efectos secundarios e incluso de producir toxicidad.

En psiquiatría existen los llamados trastornos de somatización, que son condiciones en las que una persona experimenta síntomas físicos que no tienen una explicación médica clara, pero que sabemos que están relacionados con el estrés emocional o problemas psicológicos. Los síntomas de estos cuadros pueden incluir dolor, fatiga, malestares gastrointestinales y claro, alteraciones en el estado de ánimo.

La lista es larga, pero dentro de los más frecuentes en la consulta resaltan:

EL DOLOR FÍSICO Y EL DOLOR EMOCIONAL

1. La fibromialgia, una enfermedad caracterizada por dolor musculoesquelético generalizado, fatiga, problemas de sueño y síntomas cognitivos. Algunos especialistas en diferentes ramas de la medicina afirman que la fibromialgia no existe, que solo es una depresión que duele en el cuerpo y no solo en el "alma".

2. El síndrome de intestino irritable, un trastorno gastrointestinal que causa dolor abdominal, hinchazón, diarrea y/o estreñimiento.

3. Las cefaleas tensionales y migrañas.

4. Los trastornos temporomandibulares que incluyen una variedad de condiciones que causan dolor en la mandíbula y los músculos circundantes.

5. Las enfermedades cardiovasculares como hipertensión, angina y ataques cardíacos.

6. Las enfermedades autoinmunes como el lupus y la artritis reumatoide pueden empeorar en presencia de estrés crónico, lo que puede aumentar el dolor y la inflamación.

7. El síndrome de fatiga crónica, caracterizado por fatiga extrema que no mejora con el descanso. Muchas personas con SFC también experimentan síntomas de dolor generalizado y hay una fuerte asociación con el dolor emocional, incluyendo estrés, ansiedad y depresión.

8. Enfermedades dermatológicas como la psoriasis y las dermatitis atópica.

Como pueden ver, el dolor emocional está muy interrelacionado con diversas patologías médicas y orgánicas. Es por esta razón que el manejo del dolor emocional, a través de intervenciones psicológicas, como la terapia cognitivo-conductual, y de prácticas complementarias, como la meditación, la hipnosis, la visualización, la terapia EMDR, la respiración consciente y el perdón, no solo pueden aliviar o mejorar estos padecimientos, sino que, en muchos casos, pueden ser la cura definitiva. Esto lo afirmo con certeza y con conocimiento de causa.

No sé si el debate continúe, pero lo que sí sé es que la fibromialgia, como otras patologías médicas, está relacionada muy de cerca con el dolor emocional.

EL ESTRÉS

El estrés es una respuesta natural del cuerpo ante situaciones percibidas como amenazas o desafíos. Esta reacción, conocida como la "respuesta de lucha o huida", involucra la liberación de hormonas, como el cortisol y la adrenalina, que preparan al cuerpo para hacer frente a dichas situaciones.

El estrés no es malo, como la mayoría de las personas cree; el problema es la forma en que nos relacionamos desde la mente con las situaciones que percibimos como estresantes.

A grandes rasgos, el estrés se puede clasificar en dos tipos principales: estrés agudo y estrés crónico.

Estrés agudo: conocido también como eustrés, es la clase más común de estrés y se presenta cuando tenemos que enfrentar eventos o situaciones inmediatas y temporales, como un examen, un conflicto o un accidente. El estrés agudo es de corta duración y suele desaparecer una vez que la situación estresante ha pasado. En pequeñas dosis, puede ser beneficioso, ya que nos ayuda a reaccionar rápidamente ante amenazas o desafíos.

Estrés crónico: por el contrario, el estrés malo o distrés es el que ha sido asociado a daños en la salud en general. El estrés crónico debilita el sistema inmunológico, aumenta el riesgo de enfermedades cardiovasculares y contribuye a problemas de salud mental, como la ansiedad y la depresión. También puede alterar el sueño, reducir la concentración y disminuir la capacidad para disfrutar de las actividades cotidianas, generando una sensación constante de agotamiento y malestar.

La meditación, las técnicas de respiración y de relajación y los diferentes ejercicios para aumentar la gratitud no solo pueden ayudar a reducir el estrés, sino también a mejorar la resiliencia emocional a largo plazo. Pero si solo pudiera recomendar una estrategia de gestión del estrés, sería el ejercicio físico.

El ejercicio, en especial el aeróbico (como correr, nadar, caminar o andar en bicicleta), así como actividades de menor intensidad como el yoga o el *taichí*, han demostrado ser beneficiosos para gestionar la tensión emocional y el estrés crónico o distrés. Considero que el ejercicio es la estrategia más efectiva para manejar las presiones del día a día y lo digo porque veo una gran diferencia a favor de mis pacientes que practican alguna de estas actividades físicas versus los que no lo hacen.

El ejercicio no solo mejora nuestra condición física, sino que también tiene un impacto profundo en el estado de ánimo al alterar la neuroquímica del cerebro. Desde hace tiempo, se sabe que la actividad física estimula la producción de endorfinas, neurotransmisores que nos proporcionan sensaciones de bienestar y mejoran el estado de ánimo. Sin embargo, no son solo las endorfinas las responsables de estos efectos positivos.

Además de reducir los niveles de cortisol, el ejercicio también provoca la liberación de endocannabinoides, compuestos químicos producidos por el cuerpo, que interactúan con los receptores cannabinoides en el cerebro. Estos compuestos generan efectos similares al tetrahidrocannabinol (THC), el principal componente psicoactivo del cannabis, induciendo sensaciones de placer y euforia.

El ejercicio aeróbico moderado, que eleva el ritmo cardíaco durante al menos 30 minutos, también aumenta la liberación de otros neurotransmisores claves en la regulación del estado de ánimo, como la serotonina y la oxitocina. La serotonina ayuda a reducir los síntomas de ansiedad y depresión, promoviendo un estado de ánimo más equilibrado, mientras que la oxitocina, conocida como la "hormona del amor", fomenta sentimientos de conexión y confianza.

Tras unas tres semanas de ejercicio constante, el cerebro fortalece su sistema de recompensa dopaminérgico, haciendo que la actividad física sea percibida como más gratificante y mejorando la motivación para continuar. Esta adaptación neuroquímica es esencial para la regulación emocional, ayudando a estabilizar el estado de ánimo y promoviendo una sensación general de bienestar.

Junto a la actividad física, hay otros dos pilares importantes: descansar y dormir lo suficiente para recuperarnos y tener una alimentación balanceada. En este punto, la dieta mediterránea es una de las más recomendadas: consumir menos carnes rojas, más aceites saludables, frutas y, sobre todo, muchas verduras es importante para el bienestar integral. Por último, evitar el consumo de tóxicos como el tabaco, entre otras sustancias.

Si bien considero que el ejercicio es fundamental en el manejo del estrés crónico, reconozco que para muchos puede ser la última opción a considerar. Lo veo en la cara de mis pacientes apenas lo menciono. En este sentido, la estrategia más adecuada para gestionar el distrés depende de las preferencias y circunstancias individuales. Creo que la combinación de las técnicas mencionadas (meditar, respirar conscientemente, agradecer y movernos más) resulta ser la más efectiva de las estrategias.

LA COHERENCIA CARDÍACA

No hace mucho tiempo, tan solo en la década pasada, se descubrió que el corazón juega un papel importantísimo en la regulación emocional. De hecho, el corazón es un centro de procesamiento de información que cuenta con su propia red de neuronas, 40.000 aproximadamente, que se conoce con el nombre de "cerebro del corazón". Así que, como podemos observar, el corazón no solo es esa máquina que bombea sangre a los órganos y tejidos.

Hay más vías nerviosas que salen del corazón al cerebro que de este al corazón, con una proporción de cuatro a una.

Son cuatro las vías que el corazón utiliza para enviar información al cerebro y al resto del cuerpo:

1. Neurológica (sistema nervioso).
2. Biofísica (ondas de presión sanguínea).
3. Energética (campos electromagnéticos).
4. Bioquímica (hormonas y neurotransmisores).

Toda esta información tiene su origen en el corazón.

La coherencia cardíaca es un concepto fascinante que se ha hecho muy conocido en el mundo gracias a las investigaciones del Instituto HeartMath en los Estados Unidos. Creo que si el propósito de este libro es aprender a entrenar el cerebro para ser felices, este capítulo no podía faltar. Dicho esto, veamos qué es la coherencia cardíaca, cuáles son sus beneficios y cuáles prácticas podemos desarrollar para alcanzarla.

Según el Instituto HeartMath, la coherencia cardíaca es un estado de alineación cooperativa entre el corazón, el cerebro, el sistema inmune y el sistema hormonal que se puede alcanzar por medio de algunos ejercicios específicos de respiración y meditación.

Con cada latido, el corazón genera ondas electromagnéticas, y cuando estas tienen un patrón relativamente ordenado, decimos que el corazón está en coherencia.

Hoy, luego de más de 30 años de investigaciones científicas, sabemos que practicar ejercicios destinados a generar coherencia cardíaca puede ayudarnos a mejorar la salud, reducir el estrés y promover la capacidad cognitiva.

EL DOLOR FÍSICO Y EL DOLOR EMOCIONAL

Para entender bien el concepto de coherencia cardíaca es importante definir qué es la variabilidad de la frecuencia cardíaca (VFC) y diferenciarla de la frecuencia cardíaca (FC). Comencemos por esta última.

La frecuencia cardíaca se refiere al número de pulsaciones por minuto, es decir, al número de veces que el corazón late en 60 segundos. En medicina, la FC es una de las variables vitales más importantes, junto con la temperatura corporal, la oximetría y la presión arterial, y por lo general se usa para evaluar el estado físico y la respuesta del cuerpo al ejercicio, al estrés o a otras condiciones.

La variabilidad de la frecuencia cardíaca (VFC) es el tiempo entre un latido cardíaco y otro, se mide en milisegundos y no es constante. En otras palabras, es una medida que nos muestra cómo varía el tiempo entre un latido y el siguiente.

Una mayor VFC nos indica, en general, un adecuado nivel de adaptación y de salud cardiovascular, mientras que una menor VFC puede estar asociada con estrés, fatiga u otros problemas de salud. Se ha visto también que la VFC es un marcador muy sensible del grado de envejecimiento del sistema nervioso[14] y un predictor de mortalidad por todo tipo de enfermedades[15].

Otro de los beneficios señalados por el instituto, es el de una mejor función del sistema inmunológico, lo cual es de esperarse ya que los estados de coherencia cardíaca reducen los niveles de cortisol que, cuando circula de forma desmedida

....

14 Umetani, et al.,l 1998.

15 Tsuji, et al., 1994.

por la sangre, disminuye la capacidad de respuesta del sistema inmune.

En su página web oficial, el Instituto HeartMath postula otros beneficios, como reducir la sintomatología de cuadros ansiosos, depresivos, trastornos del sueño, dolor crónico (como en la fibromialgia), problemas de atención y concentración. Por último, afirman que los estados de coherencia cardíaca conducen a un bienestar general de todo aquel que practique las técnicas propuestas por sus investigadores. Estas prácticas son muy sencillas y llevadas a cabo con constancia y disciplina, pueden ser de mucha utilidad en la búsqueda de la felicidad.

LA RELACIÓN ENTRE LAS EMOCIONES Y EL CORAZÓN

El estrés emocional, la ira, la frustración y la ansiedad dan lugar a un patrón de ondas de VFC absolutamente irregulares. Los científicos lo denominan "patrón incoherente del ritmo cardíaco".

Por otro lado, emociones positivas, como el amor, la compasión, la gratitud etc., hacen que el ritmo cardíaco sea muy ordenado, lo que se denomina "patrón de ritmo cardíaco coherente".

Al generar un ritmo cardíaco coherente, las dos ramas del sistema nervioso autónomo, simpática y parasimpática, están sincronizadas y en equilibrio y los demás sistemas del cuerpo funcionan mejor. El cerebro se desempeña con más eficacia y podemos pensar con mayor claridad[16].

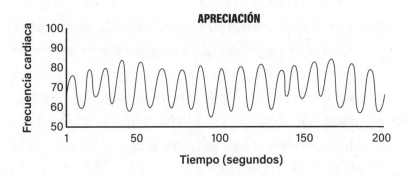

PRÁCTICAS PARA LOGRAR LA COHERENCIA CARDÍACA

Desde que conocí el Instituto HeartMath, no solo uso, sino que también enseño, tres prácticas muy sencillas, pero hermosas y eficientes, que nos pueden ayudar a entrar en estados de coherencia cardíaca y que expongo a continuación.

---

16 Tiller, et al., 1996.

RESPIRACIÓN CENTRADA EN EL CORAZÓN

El Instituto HeartMath nos propone practicar estos ejercicios varias veces al día por períodos de, al menos, cinco minutos.

Pasos:

1. Llevar toda la atención al área del corazón. Para que esto sea más fácil, se puede llevar una o las dos manos justo allí, al centro del pecho.
2. Enfocar la atención en la respiración, inhalando por la nariz y exhalando también por la nariz, aunque se puede hacer por la boca.
3. Ahora, al respirar, imaginar y tratar de sentir que el aire que entra y sale del cuerpo lo hace justo a través del corazón. Al tiempo, conectar con la sensación de paz y tranquilidad que esta respiración genera muy rápido en el cuerpo y la mente. Intentar mantener un ritmo de cinco tiempos (o segundos) al inhalar y cinco tiempos al exhalar.

Esta es la más básica y fundamental de todas las técnicas de coherencia cardíaca y que, además, sirve de base para otras un tanto más elaboradas, como la meditación de coherencia cardíaca que paso a explicarles ahora.

TÉCNICA DE COHERENCIA RÁPIDA

Esta práctica consiste en realizar los mismos pasos que llevamos a cabo en la técnica anterior, la respiración centrada en el corazón, pero a diferencia de esta, mientras centramos la atención en la respiración, debemos traer a la mente imágenes o recuerdos que evoquen en nosotros las denominadas cualidades del corazón: gratitud, compasión y amor. También, si es más fácil, se pueden traer a la mente y al cuerpo sensaciones de alegría o felicidad.

MEDITACIÓN DE COHERENCIA CARDÍACA

En esta práctica haremos los pasos 1, 2 y 3 de la técnica de respiración centrada en el corazón, que, como mencioné, es la base de todas las técnicas de coherencia cardíaca.

Acá nos centraremos en hacer la respiración en tres etapas de cinco tiempos (o segundos): inhalación, apnea o retención de aire en los pulmones y exhalación. Como ven, en esta técnica aparece un periodo respiratorio que no estaba en las dos anteriores: la apnea. Durante esta, vamos a traer a la mente la imagen de alguien o algo que nos genere mucho amor, paz, alegría y que además nos haga sentir agradecido por tenerlo o tenerlos en nuestra vida. En general, aparecen los hijos, padres, parejas, amigos y las mascotas, pero se puede evocar a cualquier otro que cumpla con los requisitos ya citados. Antes de iniciar la práctica, asegúrense de escoger a quien o quienes van a traer a su mente-corazón en este ejercicio. Una vez hecho esto, inicien el proceso de respiración, con los ojos cerrados, conservando la misma técnica que en los ejercicios anteriores, pero en el momento de la apnea, imaginen que ese ser o seres están en su pecho, que los pueden sentir, tocar, oler y abrazar y conecten con los sentimientos de inmensa alegría, amor y gratitud por ellos, por tenerlos en su vida. Pasados los cinco segundos, exhalar y repetir el ciclo las veces que lo deseen. Es un descreste, ¡pruébenlo!

Existen diversas herramientas tecnológicas que pueden ayudar a medir y mejorar la coherencia cardíaca, y si están interesados en conocerlas, los invito a visitar la página oficial del Instituto HeartMath. https://www.heartmath.org/.

Como mencioné al principio de este capítulo, la coherencia cardíaca es una herramienta muy útil y, además, científicamente respaldada para mejorar la salud física y mental. Sobra decir que estos tres ejercicios van directo a la mochila de herramientas.

1. Técnica de respiración centrada en el corazón.
2. Técnica de coherencia rápida.
3. Meditación de coherencia cardíaca.

LA MICROBIOTA INTESTINAL Y SU RELACIÓN CON LA FELICIDAD

La microbiota intestinal es un conjunto de microorganismos, como bacterias, virus y hongos, que residen en el intestino. Estos pequeños huéspedes desempeñan un papel crucial en la salud, ayudando no solo en la digestión y en la producción de vitaminas, sino también en mantener el equilibrio del cuerpo y protegernos de múltiples enfermedades.

En los últimos años, la ciencia ha descubierto que la microbiota no solo se ocupa del sistema digestivo, sino que también tiene una influencia profunda en la salud mental y emocional. Este pequeño pero poderoso ecosistema, que habita en el intestino, actúa casi como un órgano olvidado, aunque fundamental, que impacta en el bienestar general y, por ende, en nuestra felicidad.

Además de ayudarnos a digerir los alimentos, la microbiota regula el sistema inmunológico y produce neurotransmisores vitales, como la serotonina. De hecho, alrededor del 95% de la serotonina, que es crucial para regular el estado de ánimo, se produce en el intestino. Por eso, mantener un equilibrio saludable en la microbiota es esencial para sentirnos bien tanto física como mentalmente.

El sistema nervioso autónomo, que controla funciones básicas como la digestión y la frecuencia cardíaca, está conectado con la microbiota a través del nervio vago. Aunque su nombre proviene del latín *vagus*, que significa "errante" o "vagabundo", de vago no tiene nada. Este nervio trabaja duro y realiza una función vital: conectar el cerebro con múltiples órganos que están en su largo y serpenteante recorrido. Actúa como un puente entre el intestino y el cerebro, enviando señales que pueden influir en el estado de ánimo, en cómo percibimos el estrés y cómo manejamos la inflamación. Cuando el nervio vago se activa, puede generar una sensación de calma y bienestar, subrayando su importancia en la gestión del estrés y las emociones. La microbiota juega un papel clave en este proceso, pues produce compuestos, como los ácidos grasos de cadena corta (AGCC), y neurotransmisores, como el GABA y la serotonina, que modulan las señales que viajan al cerebro, afectando el comportamiento y el estado emocional.

Sin embargo, mantener el delicado equilibrio de este ecosistema no es tarea fácil. La microbiota es sensible, puede ser alterada por varios factores y una de las consecuencias es la disbiosis (desequilibrio de este sistema), que impacta negativamente la salud física y mental. Algunos de los principales factores que pueden desequilibrar la microbiota incluyen:

- Antibióticos: aunque son necesarios para combatir infecciones, pueden eliminar del intestino tanto las bacterias malas como las buenas, creando un desequilibrio difícil de corregir sin ayuda[17] .
- Dieta alta en azúcares y grasas: una dieta rica en azúcares refinados y grasas saturadas puede favorecer el crecimiento de bacterias no tan beneficiosas, reduciendo la diversidad microbiana y promoviendo la inflamación, lo que aumenta el riesgo de desarrollar problemas mentales como la depresión[18].
- Estrés crónico: el estrés prolongado afecta la microbiota a través del cortisol, la hormona del estrés, que puede aumentar la permeabilidad intestinal, permitiendo que bacterias dañinas entren en el torrente sanguíneo y exacerbando la inflamación y el malestar mental[19].
- Falta de sueño: dormir mal no solo afecta cómo te sientes al día siguiente, sino que también reduce la diversidad microbiana y afecta de forma negativa tu sistema

17 Langdon, Crook y Dantas, 2016.

18 Jacka, et al., 2014.

19 Karl, et al., 2018.

inmunológico y la producción de neurotransmisores esenciales para tu estado de ánimo[20].

Para contrarrestar estos efectos y promover una microbiota saludable, podemos recurrir a los psicobióticos. Estos son probióticos específicos que han demostrado tener un impacto positivo en la salud mental, pues mejoran la comunicación entre el intestino y el cerebro. Algunos ejemplos de psicobióticos que han sido investigados por sus beneficios incluyen:

- *Lactobacillus rhamnosus*: puede reducir la ansiedad y la depresión al influir en los receptores de GABA en el cerebro[21].
- *Bifidobacterium longum*: ayuda a reducir el estrés y mejora la función cognitiva al disminuir los niveles de cortisol[22].
- *Lactobacillus helveticus* y *Bifidobacterium longum*: esta combinación puede reducir los síntomas de ansiedad y depresión al mejorar la función del nervio vago[23].
- *Lactobacillus casei Shirota*: este psicobiótico ha mostrado efectos positivos en la reducción de la ansiedad, al actuar sobre el eje intestino-cerebro[24].

....

20   Benedict, et al., 2016.

21   Bravo, et al., 2011.

22   Allen, et al., 2016.

23   Messaoudi, et al., 2011.

24   Kato-Kataoka, et al., 2016.

- *Bifidobacterium infantis*: eficaz en la reducción de síntomas depresivos, en especial en personas con síndrome del intestino irritable[25].

Para mantener y fortalecer una microbiota saludable, y así promover un bienestar mental óptimo, es clave adoptar algunas estrategias simples:

Dieta rica en fibras y alimentos fermentados: consumir alimentos ricos en fibras, como frutas, verduras, granos enteros y legumbres, promueve el crecimiento de bacterias beneficiosas en el intestino. Además, los alimentos fermentados, como el yogur, el kéfir, el chucrut y el kimchi, son fuentes naturales de probióticos que pueden aumentar la diversidad microbiana y mejorar la función intestinal[26].

Para cerrar este apartado, quiero destacar que aunque la microbiota intestinal es un tema de gran actualidad y relevancia, no quería llenarlos de conceptos médicos complejos. Lo fundamental es que comprendan su importancia y cómo mantenerla en equilibrio. Un intestino sano, logrado a través de una buena alimentación y el uso de psicobióticos cuando sea necesario, es otra herramienta clave para alcanzar la felicidad.

25 Desbonnet, et al., 2008.

26 Moro-García et al., 2013.

UN CEREBRO ACTIVO, UN CEREBRO FELIZ

Definir qué es la mente es complejo. En la actualidad, desde una perspectiva neurocientífica, se acepta que la mente es un conjunto de funciones que surgen en el cerebro. Esto involucra, entre otras actividades, el pensamiento, la memoria, las emociones, percepciones, etc. Con base en esto, la mente no se puede localizar anatómicamente en un solo lugar dentro del cerebro, pero sabemos que está allí.

Para ser felices necesitamos un cerebro sano. Por esta razón, dedicaré un espacio más profundo dentro de este libro a lo que considero, como mencioné al hablar del estrés, uno de los pilares más importantes, si no el más esencial, para alcanzar este objetivo: la actividad física.

Es increíble cómo la actividad física regular mejora la vida. El ejercicio tiene impacto directo en la salud física y mental, lo cual se puede evidenciar desde el momento en el que lo estamos practicando. De hecho, es la actividad que más impacto positivo puede tener en el cerebro, no solo en el corto plazo, sino también a futuro, y eso sucede por diversas razones.

Una de ellas es que al hacer ejercicio el cerebro libera una gran cantidad de neurotransmisores, como la serotonina, la dopamina, la noradrenalina, las endorfinas, etc., que producen una sensación de bienestar casi inmediata en el estado de ánimo.

Les había dicho que la clave de la felicidad es tener un cerebro entrenado, un cerebro que pueda estar atento a no caer con facilidad en el flujo continuo de pensamientos de la red neurológica por defecto, la red del "vagabundeo mental", red que es responsable, en gran medida, de esa sensación tan incómoda y desagradable en la vida: la infelicidad. Al hacer ejercicio se potencializa la zona cerebral más importante para este fin: la corteza prefrontal, encargada, entre otras funciones, de tomar decisiones, de planificar, de regular de forma adecuada las emociones y de enfocar la atención.

Se ha visto como, luego de una sesión de entrenamiento físico de intensidad moderada, la capacidad de atención, de enfoque, mejora significativamente.

Pero si bien la actividad física puede tener efectos inmediatos, el verdadero impacto se presenta cuando, por medio de ella, mejoramos la capacidad cardiorrespiratoria. Cuando hacemos ejercicio con regularidad y a la intensidad adecuada, el cerebro se transforma, literalmente, ya que favorece y estimula el crecimiento de nuevas neuronas en la zona responsable, en gran medida, de la memoria, el hipocampo. El ejercicio hace que esta área del cerebro no solo crezca, sino que también funcione mucho mejor, con un impacto directo en la memoria.

Esto que les cuento es muy importante. Lo digo porque recibo varias consultas generadas por el temor a tener Alzheimer, que es la demencia más común en todo el mundo y que, no es la única demencia, pues existen diferentes tipos, cada uno con su propia sintomatología y criterios diagnósticos. Es curioso porque no son pacientes mayores los que acuden con esta preocupación, sino personas jóvenes o de mediana edad, quienes reportan tener olvidos frecuentes. "Es que se me embolata todo, doctor, pierdo mucho tiempo buscando las llaves, el celular, las gafas, se me olvida dónde dejo las cosas". En la mayoría de estos casos, por no decir que en todos, los síntomas se asocian a factores relacionados con el estrés agudo y crónico o con algún trastorno en el estado de ánimo, como la depresión y la ansiedad, que dentro de su amplia constelación de síntomas, incluyen problemas en la atención. Para tranquilidad de mis pacientes, les explico que las demencias son enfermedades que aparecen en general a edades más avanzadas, aunque también se pueden presentar casos de deterioro cognitivo y de demencia en personas jóvenes, pero no es lo más común. Les cuento esto, ya que ese tipo de consulta denota la importancia que tiene para todos contar con una buena memoria y el ejercicio físico está allí para ayudarnos a conservarla.

Existen dos áreas dentro del cerebro adulto donde pueden nacer nuevas células: el hipocampo y el bulbo olfatorio. El primero requiere del estímulo generado por el ejercicio para este fin, el segundo requiere ser estimulado por la presencia de muchos y diversos olores.

Me gusta comparar el cerebro con un árbol lleno de hojas y de ramas que serían las neuronas y las redes neuronales. Si en un momento determinado ese árbol se ve afectado por alguna enfermedad, un hongo o una bacteria, por ejemplo, mientras más frondoso y tupido esté, más tiempo le tomará al intruso acabar con todo su follaje.

Esto es lo que llamamos reserva neuronal. Si el día de mañana nos vemos afectados por alguna enfermedad neurodegenerativa, como algún tipo de demencia, mientras más neuronas y conexiones neuronales tengamos, más protegidos estaremos y más tardará dicha patología en causar estragos en las funciones mentales y motoras. Por esta razón, la actividad física regular se considera uno de los más importantes neuroprotectores que tenemos disponibles.

Lamentablemente, hoy en día muchas personas tienen un estilo de vida sedentario. En mi consulta, casi siempre les pregunto a mis pacientes si hacen algún tipo de ejercicio con regularidad y la mayoría de las respuestas que obtengo son negativas. "No me gusta", "no tengo tiempo", "me da pereza" son algunas de las respuestas más comunes. Incluso hay quienes dicen que no les gusta sudar. Creo que la mayoría de ellos desconoce las ventajas que la práctica juiciosa de la actividad física podría traerle a su vida. Pero cuando les presento estas ventajas, muchos, no sé si por vergüenza, atinan a preguntarme: "¿Y cuánto tiempo es lo mínimo que tengo que hacer para que el ejercicio me sirva?".

A ciencia cierta, no lo sabemos, pero se calcula que aproximadamente 2.5 a 3 horas de ejercicio semanal (que equivalen, más o menos, a 30 minutos al día) sería un buen punto de partida; pero repito, es solo una recomendación general y puede variar de un individuo a otro.

"Doctor, ¿y cuál ejercicio es el mejor?, yo camino por lo menos 20 minutos tres veces por semana", argumentan algunos, muy orondos y "sacando pecho". Estoy seguro de que cualquier persona camina mucho más que eso en un solo día. Caminar puede ser importante si se tiene en cuenta como parte de una rutina de ejercicio regular y, como mencioné antes, se requiere de un tiempo mínimo, así como de cierta intensidad, que deberían ser calculados por cada individuo y por un profesional en el área del deporte y acondicionamiento físico.

EL DOLOR FÍSICO Y EL DOLOR EMOCIONAL

Pero me gusta ser justo, y la verdad es que también muchos pacientes me cuentan que de no ser por el ejercicio que practican, como correr, montar en bicicleta o ir al gimnasio con regularidad, no podrían lidiar con el estrés y la ansiedad.

El ejercicio también nos ayuda a luchar contra el estrés "malo", el distrés. El cortisol elevado en exceso afecta a todo el cuerpo, puesto que favorece la inflamación. Pero de nuevo, son las células hipocampales y las de la corteza prefrontal las más susceptibles a todos sus efectos nocivos y es lo que hace que muchas personas sometidas a estrés crónico presenten dificultades a la hora de tener que tomar decisiones, de concentrarse, enfocar su atención y también que comiencen a evidenciar fallas notorias en su memoria.

Por otro lado, el ejercicio aeróbico nos ayuda a mejorar la capacidad cardiorrespiratoria, lo que estimula el crecimiento de nuevos vasos sanguíneos en el cerebro. En proporción con el resto del cuerpo, el cerebro es muy pequeño, pues pesa solo 1.3 kilogramos, lo que representa, en promedio, apenas el 2 % del peso total del cuerpo humano. Pero que eso no nos confunda. El cerebro consume una cantidad muy alta y desproporcionada de oxígeno en comparación con su tamaño: aproximadamente el 20 % del oxígeno que entra en el cuerpo a través de la respiración es utilizado por el cerebro, y mientras más vasos sanguíneos tenga para proporcionarle esa sangre oxigenada, mejor funcionará.

El ejercicio es muy importante para cualquier persona que padezca de ansiedad, depresión o estrés crónico. Con tan solo tres horas semanales de actividad física, se podrían mejorar muchos de los síntomas asociados a estos cuadros tan comunes y relevantes hoy en día. Que quede claro que cualquier actividad física puede servir para este fin, no se requiere inscribirse a un gimnasio ni a una maratón. Una clase de rumba guiada a través de un canal en YouTube, bailar en casa, hacer alguna clase de tonificación o *stretching* con los hijos o la pareja, caminar rápido, etc., podrían ser de gran utilidad para mejorar el bienestar general y la calidad de vida no solo en el presente, sino en el futuro.

Movernos es otra herramienta muy útil para ser felices que también vamos a llevar en nuestra mochila.

RESPIRAR, PERO RESPIRAR BIEN

Sí, en Occidente no le hemos prestado suficiente atención a la respiración. De hecho, hace mucho tiempo leí que si los orientales pudieran hacer algo por nosotros, los occidentales, sería enseñarnos a respirar bien. En su momento no le di tanta importancia al significado de tal sentencia, no me llamó mucho la atención, pero hoy, años más tarde, puedo entender su significado.

En la actualidad, sabemos que la respiración tiene un impacto directo en el cerebro y en sus funciones.

Recordemos: "La mente controla al cuerpo, pero la respiración controla la mente". Esta es una frase que utilizo mucho en mis talleres y seminarios y lo hago porque en realidad así es. Existen investigaciones recientes que confirman lo que tradiciones milenarias ya nos habían enseñado tiempo atrás: que las distintas técnicas y patrones de respiración tienen la capacidad de generar diferentes estados de ánimo, de atención y concentración. Por ejemplo, respirar por la nariz ayuda a estimular estructuras cerebrales involucradas en la emoción, como la amígdala y el hipocampo, lo que no sucede si respiramos por la boca. Lo mismo pasa con la memoria, su capacidad aumenta y se ve potenciada cuando respiramos por la nariz[27].

Para entender, de forma rápida y sencilla, lo que pasa en el cerebro, pensemos que en el tallo del encéfalo hay un sistema que nos permite estar atentos, alertas, que hace las transiciones entre la vigilia y el sueño, entre otras funciones, el llamado sistema reticular activador ascendente. Este sistema, a su vez, está formado por diferentes núcleos y uno de ellos es el que denominamos sistema noradrenérgico. En las profundidades de este último se hospeda una estructura llamada el *locus ceruleus* o *locus coeruleus*, en latín, que significa "lugar azul" y que debe su nombre al color azulado de sus neuronas. Está modulado por una estructura llamada complejo pre-Bötzinger. Todas estas áreas juntas son las responsables de la generación y el mantenimiento del ritmo de la respiración automática. Las emociones automáticas y rápidas pueden generar cambios en la respiración, lo sabemos; sin embargo, la respiración puede ser controlada a voluntad cuando activamos la corteza cerebral, en particular la corteza prefrontal. Esta capacidad de controlar la respiración de forma consciente nos permite utilizarla como una herramienta para mejorar la salud mental y emocional.

....

27   Zelano, et al, 2016.

La frase "la mente controla el cuerpo, pero la respiración controla la mente" resalta la profunda conexión entre la respiración y el estado mental. Así, al aprender a controlar la respiración, podemos influir positivamente en las emociones y, en última instancia, en la mente.

Pero entonces, ¿cuál es la forma correcta de respirar?

PRINCIPIOS DE LA RESPIRACIÓN CORRECTA

1. ¡Utilizar el diafragma!

Existen diferentes tipos de respiración. La diferencia entre ellas radica sobre todo en el tipo de músculos que estemos utilizando tanto al momento de inhalar como al de exhalar. En este sentido, podemos hablar de tres formas diferentes de respirar: la respiración clavicular, la torácica y la diafragmática.

- Respiración clavicular: es una respiración muy superficial y poco eficiente, ya que las inhalaciones y exhalaciones cortas no permiten una ventilación completa de los pulmones, lo que lleva a una oxigenación insuficiente para el cuerpo.
  Esta respiración utiliza los llamados músculos accesorios superiores de la respiración, ubicados en el cuello (escalenos y esternocleidomastoideos), y músculos de la parte superior del pecho.
- Respiración torácica: en este tipo de respiración, las costillas y los músculos intercostales son los protagonistas.

Es una respiración mucho más eficiente que la clavicular y, en general, es la más común entre las personas sanas.

- Respiración diafragmática: el diafragma es un músculo que se ubica debajo de los pulmones y que juega un papel fundamental en la respiración. De hecho, es el principal músculo respiratorio del cuerpo y separa la cavidad torácica, espacio donde están ubicados los pulmones y el corazón, de la cavidad abdominal.

Cuando inhalamos, el diafragma se contrae, se aplana y desciende, lo que permite que el aire entre en los pulmones.

Por el contrario, al exhalar, el diafragma se relaja, vuelve a su forma natural (una especie de cúpula), disminuyendo de esta manera el tamaño de la cavidad torácica y aumentando la presión dentro de los pulmones, para así poder expulsar el aire. La respiración diafragmática es la respiración más profunda y eficiente de las tres. En el momento de la inhalación, el diafragma empuja las vísceras abdominales hacia abajo y estas, al chocar con el piso pélvico, no tienen otra opción más que ir hacia adelante, lo que hace que el abdomen se distienda. Por eso también se le conoce como respiración abdominal.

2. ¡Respirar por la nariz, no por la boca!

La nariz cumple funciones muy importantes en el proceso de respiración. Los vellos nasales y su mucosa tienen como tarea servir de filtros que atrapan partículas de polvo y otros contaminantes, evitando que estos lleguen a los pulmones. Además, al pasar por las diferentes estructuras nasales, el aire no solo se libera de impurezas, sino que también se calienta y se humidifica, acción favorecida por la participación de una molécula llamada óxido nítrico que, entre otras funciones, ayuda con la dilatación de los vasos sanguíneos y la neurogénesis. Por medio de respiraciones profundas, como la respiración abdominal o diafragmática, favorecemos la llegada del óxido nítrico producido en la nariz y en las paredes de los senos paranasales a las regiones más bajas de los pulmones, lo que ayuda a tener un mejor intercambio gaseoso como consecuencia de la dilatación de pequeños vasos capilares situados en las bases pulmonares.

3. ¡Respirar más lento!

Respirar por la nariz genera mayor fricción, más resistencia al paso del aire y hace que tengamos una respiración mucho más lenta, lo cual es bueno si de estrés y ansiedad estamos hablando. Respirar por la nariz y de forma lenta activa el sistema nervioso parasimpático, induciendo estados de calma y relajación, generando así un impacto positivo en la salud mental.

Existen diferentes técnicas de respiración. Muchas de ellas provienen de antiguas prácticas orientales, como el *pranayama*. Esta palabra se deriva de dos términos sánscritos: *prana* que significa "energía vital" o "fuerza vital" y *ayama* que significa "extensión" o "control". Por lo tanto, *pranayama* se puede traducir como la extensión y control de la energía vital a través de la respiración.

Tambien existen tecnicas desarrolladas y estudiadas en Occidente.

Voy a compartir la que uso en mis momentos de angustia y ansiedad y que les recomiendo, casi siempre en la primera cita, a todos mis pacientes por su sencillez y efectividad: la tecnica del suspiro fisiologico.

Primero, aclaremos que suspirar es una accion que realizamos de manera natural dentro del ciclo respiratorio, aproximadamente 15 a 20 veces por hora. Un suspiro es una respiracion mas profunda y prolongada que cumple varias funciones fisiologicas importantes. Entre estas, una de las principales, es reabrir los alveolos, las pequeñas bolsas de aire en los pulmones que pueden colapsar durante la respiracion normal. Esta funcion es fundamental para mantener una buena oxigenacion y asegurar que todas las areas pulmonares esten bien ventiladas. Ademas, tiene una funcion tranquilizadora y relajante, ya que estimula el sistema nervioso parasimpatico.

TÉCNICA DE RESPIRACIÓN: SUSPIRO FISIOLÓGICO

Esta tecnica consiste en realizar una inhalacion natural seguida de una segunda inhalacion rapida y profunda antes de exhalar.

Primero haremos una inhalacion normal, la que siempre hacemos cuando respiramos naturalmente. Luego, cuando sintamos una pequeña pausa que interrumpe la inhalacion, haremos un esfuerzo y sin botar el aire llenaremos los pulmones.

Luego botamos el aire lo más lento y suave posible por la nariz. Exhalar por la nariz ralentiza más este proceso, lo que nos facilita conectar con estados de calma y paz.

Podemos repetir esto las veces que sea necesario. Yo les digo a mis pacientes que no pierdan la oportunidad de centrar la atención en este tipo de respiración cada vez que puedan.

Como ven, hoy en día la neurociencia sugiere que una respiración adecuada puede tener numerosos beneficios para la salud física y mental, y por esta razón, la modulación consciente de la respiración es un hábito muy saludable y necesario que todos deberíamos practicar a diario.

Respirar bien implica hacerlo por la nariz, utilizando de forma adecuada el diafragma y manteniendo un ritmo lento y constante. Respirar conscientemente nos ayuda a reducir el estrés, a mejorar la atención y la concentración y a regular las emociones. En definitiva, es una superherramienta que debe estar en nuestra mochila para ser más felices.

CULTIVAR RELACIONES DE CALIDAD

En el año 1938, se inició el denominado, y además muy conocido, Estudio sobre el de Desarrollo de los Adultos de la Universidad de Harvard. Para hacerlo, se reclutaron 724 hombres[28] divididos en dos grupos: uno de estudiantes del segundo año de esta universidad y otro de hombres de los barrios más pobres de Boston. Este estudio aún continúa y todavía hay sobrevivientes de esa primera cohorte. Es poco común un estudio de esta magnitud y longitud, ya que la mayoría no sobreviven a largo plazo porque los reclutados desisten, entre otros muchos factores. Sin embargo, en este caso la investigación ha continuado a lo largo de más de 80 años en los que han seguido la vida de estos hombres y han recolectado

---

28 En esa época, los estudios longitudinales sobre desarrollo y salud a menudo se centraban exclusivamente en hombres, reflejando los sesgos de la investigación de aquel tiempo.

datos sobre su salud física y mental, su entorno social y sus experiencias vitales, lo cual ha proporcionado una visión detallada de lo que contribuye al bienestar en la vida. Y digo "ha proporcionado" porque, a la fecha, el estudio continúa analizando a los hijos de esa primera muestra. Los resultados han sido sorprendentes, pues han mostrado valiosas lecciones sobre los factores que en realidad importan para ser felices, y no son precisamente el dinero o la fama. Una de las claves, dice el estudio, es mantener buenas relaciones, ¡sí amigos!, las relaciones buenas y estrechas son esenciales para una vida feliz y saludable.

Sobre la base de una investigación de varias décadas, este estudio demuestra que las personas con vínculos sociales fuertes, bien sea con familiares, amigos o con personas de la comunidad en general, no solo son más felices y saludables, sino que también viven más tiempo que aquellas sin este tipo de afectos. También ha reportado que las relaciones sociales no solo mejoran la calidad de vida, sino que sirven como un bálsamo para el afrontamiento del estrés y de la enfermedad en general.

LA CALIDAD IMPORTA

No se trata de la cantidad, sino de la calidad. Las relaciones cálidas, confiables y que generan seguridad y la sensación de contar con apoyo en los momentos difíciles se asocian a una mayor protección contra los problemas de salud mental y física por encima de aquellas relaciones conflictivas o

CULTIVAR RELACIONES DE CALIDAD

superficiales que incluso resultaron ser más nocivas que la misma soledad.

Estos elementos, la calidad de las relaciones, la sensación de protección y de apoyo, se asocian con una mejor tolerancia a los problemas físicos y emocionales que, por lo general, aparecen con la vejez, haciendo que sean más llevaderos.

Por estas razones es importante dedicar tiempo y esfuerzo a crear un mayor número de relaciones. Intentar pasar más tiempo con la familia, vecinos, colegas y amigos; generar espacios para este fin: reuniones, cenas, viajes, etc.; participar de actividades dentro de la comunidad; unirse a grupos o clubes donde encontremos afinidad con otros y, lo más importante, mantener una actitud abierta a la posibilidad de conocer nuevas personas.

Desarrollar vínculos cercanos y cálidos es de gran importancia en este recorrido. El perdón y la compasión son claves importantes para esto. Ser conscientes de que todos atravesamos por dificultades y problemas en la vida y tener una actitud amorosa y compasiva por los demás es fundamental en las relaciones con los otros. Tengamos siempre presente que la compasión también debe ser aplicada a nosotros mismos. Debemos ser, ante todo, autocompasivos. Tratarnos con amabilidad, como trataríamos a un amigo que sufre, que atraviesa por un momento difícil, debería ser una misión de vida, algo que siempre tendría que estar presente en la mente y en el corazón. Aquí es importante recordar que estar en paz con el pasado es vital para ser felices, por eso recomiendo que no alberguemos nunca resentimientos en el corazón. Aprendamos a dejar ir. Un poco de "mala memoria" es uno de los secretos de la felicidad.

Basándonos en las conclusiones reportadas a la fecha por el estudio de Harvard, fortalecer estos vínculos es una directriz que nos ayuda a ser más felices y saludables. Para concluir, con base en el Estudio sobre el Desarrollo de los Adultos de Harvard, podemos decir que el camino más importante y seguro para alcanzar la felicidad verdadera se encuentra en las relaciones que cultivamos y en el cuidado que nos brindamos a nosotros mismos y a las personas. Además, encontrar el verdadero propósito de la vida nos permite llevar a cabo estas tareas de manera más eficaz y con mayor facilidad, dándole un verdadero sentido y dirección al trabajo diario. Cultivar estos hábitos, junto con las otras prácticas que he descrito a lo largo de este libro, será de gran utilidad para alcanzar bienestar y felicidad sin importar el momento de la vida en el que nos encontremos.

EL VALOR DE LA SOLEDAD EN LA BÚSQUEDA DE LA FELICIDAD

Vivimos en una era en la que la conexión constante se ha convertido en la norma y la interacción social es vista como un indicador clave de éxito personal. Es común ver, en distintos espacios y contextos, ya sea en un ascensor, en el transporte público o incluso en una reunión con amigos, a la mayoría de las personas absortas frente a una pantalla, interactuando con alguien al otro lado. Esta necesidad casi imperiosa de estar siempre conectados puede llevarnos, en muchos casos, a subestimar el valor de la soledad.

—Pero doctor, ¿por qué está hablando de soledad cuando lo que queremos y anhelamos es ser felices?

—Pues porque los momentos de soledad también son importantes y, para poder entender esto, la clave está en distinguir entre la soledad elegida, conocida como solitud o soledad positiva, y la soledad no deseada o soledad negativa.

Cuando la soledad es una elección consciente, juega un papel crucial en el bienestar mental y emocional. Esta soledad consciente o solitud describe un estado en el cual nos encontramos solos, pero con una connotación positiva. A diferencia de la soledad, que a menudo se percibe como una experiencia negativa y de aislamiento, la solitud implica disfrutar de la propia compañía y encontrar satisfacción y tranquilidad en estar solo. Es un tiempo que se convierte en una oportunidad para la reflexión y el autoconocimiento.

La solitud nos ofrece una sensación de paz y autoaceptación. Nos permite ser dueños de nuestro tiempo y mente, siendo conscientes de la existencia y disfrutando de nuestra compañía. Es un espacio donde la creatividad florece y la mente encuentra claridad lejos del ruido externo. Además, la solitud es una poderosa herramienta de crecimiento personal, ya que al estar solos podemos enfrentarnos a nosotros mismos sin las distracciones que nos alejan de las verdades más íntimas que tenemos. Nos da la oportunidad de confrontar los miedos, de procesar experiencias dolorosas y de hacer las paces con nosotros. Este proceso de introspección es esencial para desarrollar la resiliencia emocional y la autocompasión.

Diversos estudios han demostrado que la solitud puede reducir el estrés, mejorar la regulación emocional y fomentar la creatividad. Es en estos momentos de introspección donde podemos encontrar la paz, la claridad mental y donde a menudo nacen ideas innovadoras y soluciones a problemas complejos.

Por otro lado, la soledad no deseada, la que ocurre cuando nos sentimos aislados y desconectados de los demás, es una experiencia muy distinta. Esta forma de soledad está relacionada con numerosos problemas de salud mental, como la depresión y la ansiedad, y con un aumento de cortisol, la hormona del estrés. Es paradójico que, en la era de la hiperconectividad, muchas personas se sientan más solas que nunca. Este tipo de soledad no elegida puede llevar a un ciclo negativo, donde la falta de conexión social agrava el aislamiento emocional, afectando profundamente la calidad de vida.

Un concepto emergente en la investigación sobre la soledad es el de *aloneliness*, que describe el malestar causado por la falta de tiempo a solas. Este término subraya la importancia de encontrar un equilibrio, pues la necesidad de solitud es tan fundamental como la de conexión social. La *aloneliness* nos recuerda que así como buscamos la compañía de los demás para sentirnos completos, también necesitamos tiempo con nosotros mismos para mantener nuestro bienestar.

Como ya hemos visto, el famoso estudio de la felicidad de Harvard concluye que las relaciones sociales son el mayor predictor de la felicidad a lo largo de la vida. Las conexiones humanas, el sentido de pertenencia y el apoyo emocional que brindan son fundamentales para la felicidad. Sin embargo,

CULTIVAR RELACIONES DE CALIDAD

este hallazgo no contradice la importancia de la solitud, sino que la complementa.

Las relaciones sociales son cruciales, y para mantenerlas saludables, también necesitamos tiempo para nosotros mismos. La solitud nos permite recargar energías, reflexionar sobre las interacciones y regresar a las relaciones con una mente clara y un corazón abierto. De hecho, la capacidad de estar solos y disfrutar de esa soledad puede enriquecer las relaciones, haciendo que el tiempo compartido con los demás sea más significativo.

El equilibrio entre la solitud y la compañía es clave para una vida plena. Demasiada soledad no deseada puede ser perjudicial, pero la falta de tiempo a solas también puede llevar al agotamiento emocional y a un deterioro en la calidad de las relaciones. Es importante aprender a escuchar nuestras necesidades y respetar tanto el tiempo en compañía como el tiempo en solitud.

Como ven, la solitud es esencial para el bienestar mental y emocional. No se trata de aislarse del mundo, sino de encontrar un balance adecuado entre la interacción social y el tiempo a solas. Por lo tanto, el equilibrio entre vínculos sociales fuertes y una dosis adecuada de solitud, es un elemento más que debe estar en nuestra mochila de herramientas para llevar una vida plena y satisfactoria.

> **"La vida es demasiado corta para disputas, disculpas y rencores. Solo hay tiempo para amar".**
> **Mark Twain**

PALABRAS FINALES

Recorriendo los complejos recovecos de la mente humana, he encontrado que la neurociencia y la espiritualidad no son excluyentes y que, de alguna manera más superficial para unos o más profunda para otros, ambas son complementarias. Las dos constituyen herramientas poderosas que me han permitido ofrecer un enfoque holístico en la práctica psiquiátrica, reconociendo la individualidad y el nivel de consciencia espiritual de cada paciente y el mío propio.

En este libro hemos explorado cómo las herramientas basadas en la combinación de la espiritualidad y la neurociencia nos ofrecen un camino para alcanzar la felicidad verdadera. A lo largo de los capítulos, hemos visto cómo el ser humano no está completamente determinado por sus circunstancias, sino que tiene la capacidad de decidir su rumbo, de trascender las limitaciones impuestas por su biología, psicología o entorno social. Al integrar estas prácticas, no solo aprendemos a gestionar nuestro bienestar emocional y mental, sino que también cultivamos una libertad interior que nos permite redefinir la existencia en cada momento. En este sentido, la felicidad no es solo un estado pasajero, sino un proceso activo de autodescubrimiento y autotrascendencia, en el que tomamos las riendas de la vida para convertirnos en aquello que realmente deseamos ser. Con estas herramientas pretendo que la neurociencia y la espiritualidad se unan para guiarnos hacia un bienestar integral, más allá de las circunstancias externas. Gracias por hacer parte de este inspirador viaje de crecimiento intelectual y espiritual.

BIBLIOGRAFÍA

Braden, G. (2006). *Los secretos de un modo de orar olvidado: La llave de la sabiduría perdida.* Ediciones Obelisco.

Brito-Pons, R., Librada-Flores, V. y Gilbert, P. (2018). *Self-compassion and fear of suffering in clinical practice: Investigating the balance.* PLoS ONE, 13(7), e0200061.

Brito-Pons, G., Campos, D., & Cebolla, A. (2018). "Implicit or explicit compassion? Effects of compassion cultivation training and comparison with mindfulness-based stress reduction". Mindfulness, 9(3), 1494-1508.

Dickens, L. R. (2017). *Using gratitude to promote positive change: A series of meta-analyses investigating the effectiveness of gratitude interventions.* Basic and Applied Social Psychology, 39(4), 193-208.

Duckworth, A. (2016). *Grit: El poder de la pasión y la perseverancia.* Urano.

Fox, K. C. R., Nijeboer, S., Dixon, M. L., Floman, J. L., Ellamil, M., Rumak, S. P., Sedlmeier, P. y Christoff, K. (2014). *Is meditation associated with altered brain structure? A systematic review and meta-analysis of morphometric neuroimaging in meditation practitioners.* Neuroscience & Biobehavioral Reviews, 43, *48*-73.

Fox, G. R., Kaplan, J., Damasio, H. y Damasio, A. (2015). *Neural correlates of gratitude.* Frontiers in Psychology, 6, 1491.

Fox, K. C. R., Dixon, M. L., Nijeboer, S., Girn, M., Floman, J. L., Lifshitz, M. y Christoff, K. (2016). *Functional neuroanatomy of meditation: A review and meta-analysis of 78 functional neuroimaging investigations.* Neuroscience & Biobehavioral Reviews, 65, 208–228.

Galante, J., Galante, I., Bekkers, M. J. y Gallacher, J. (2014). *Effect of kindness-based meditation on health and well-being: A systematic review and meta-analysis.* Journal of Consulting and Clinical Psychology, 82*(6),* 1101–1114.

Goleman, D. y Davidson, R. J. (2017). *Rasgos alterados: la ciencia revela cómo la meditación transforma la mente, el cerebro y el cuerpo.* Avery.

Ishii, K., Takeda, K., Higuchi, T. y Yanagisawa, T. (1994). *Individual differences in autonomic nervous system response patterns during mental stress.* Japanese Journal of Physiology, 44(2), 199-207.

Jiang, H., White, M. P., Greicius, M., Waelde, L. y Spiegel, D. (2016). *Brain activity and functional connectivity associated with hypnosis.* Cerebral Cortex, 27(8), 4083–4093.

Kini, P., Wong, J., McInnis, S., Gabana, N. y Brown, J. W. (2016). *The effects of gratitude expression on neural activity.* NeuroImage, 128, 1-10.

Kuppusamy, M., Kamaldeen, D., Pitani, R. y Amaldas, J. (2017). *Effects of Bhramari Pranayama on health – A systematic review.* Journal of Traditional and Complementary Medicine, 8*(1), 11-16.*

LaFreniere, L. S. y Newman, M. G. (2019). *Exposing worry's deceit: Percentage of untrue worries in generalized anxiety disorder treatment.* Behavior Therapy, 50(4), 715-728.

Laneri, D., Schuster, V., Dietsche, B., Jansen, A., Ott, U., Sommer, J. y Kircher, T. (2017). *Effects of long-term mindfulness meditation on brain's white matter microstructure and its relationship with empathy in a sample of healthy adults: A voxel-based diffusion tensor imaging study.* Frontiers in Psychology, 8, 32.

Laneri, D., Krach, S., Paulus, F. M., Kanske, P., Schuster, V., Sommer, J., & Müller-Pinzler, L. (2017). "Mindfulness meditation regulates anterior insula activity during empathy for social pain. Human Brain Mapping", 38, 4034–4046. https://doi.org/10.1002/hbm.23646

Lipton, B. H. (2005). *La biología de la creencia: La liberación del poder de la conciencia, la materia y los milagros.* Hay House.

Luberto, C. M., Shinday, N., Song, R., Philpotts, L. L., Park, E. R., Fricchione, G. L. y Yeh, G. Y. (2018). *A systematic review and meta-analysis of the effects of meditation on empathy, compassion, and prosocial behaviors.* Mindfulness, 9(3), 708-724.9(5), 1208–1226.

Roca, P., Vázquez, C., Diez, G. y McNally, R. J. (2023). *How do mindfulness and compassion programs improve mental health and well-being? The role of attentional processing of emotional information.* Journal of Behavior Therapy and Experimental Psychiatry, 81, 101895.

Rojas, B., Catalán, E., Diez, G. y Roca, P. (2023). *A compassion-based program to reduce psychological distress in medical students: A pilot randomized clinical trial*. PLoS ONE, 18(6), e0287388.

Sood, A. (2015). *The Mayo Clinic handbook for hapines: A 4-step plan for resilient living*. Da Capo Lifelong Books.

Tiller, W. A., McCraty, R. y Atkinson, M. (1996). *Cardiac coherence: A new, noninvasive measure of autonomic nervous system order*. Alternative Therapies in Health and Medicine, 2(1), 52-65.

Tsuji, H., Larson, M. G., Venditti, F. J. Jr., Manders, E. S., Evans, J. C., Feldman, C. L., & Levy, D. (1996). "Impact of reduced heart rate variability on risk for cardiac events. The Framingham Heart Study". Circulation, 94(11), 2850-2855.

Tolle, Eckhart (1997). *El poder del ahora: un camino hacia la realización espiritual*. New World Library.

Umetani, K., Singer, D. H., McCraty, R. y Atkinson, M. (1998). *Twenty-four hour time domain heart rate variability and heart rate: Relations to age and gender over nine decades*. Journal of the American College of Cardiology, 31(3), 593-601.

Weiss, Brian. L. (1988). *Muchas vidas, muchos maestros*. Fireside.

Wood, A. M., Froh, J. J. y Geraghty, A. W. A. (2010). *Gratitude and well-being: A review and theoretical integration*. Clinical Psychology Review, 30(7), 890-905.

Zelano, C., Zhou, G., Deng, J., Naidu, R. y Obermayer, M. (2016). *Nasal respiration entrains human limbic oscillations and modulates cognitive function*. The Journal of Neuroscience, 36(49), 12448-12467.